实践教学改革与探索

REFORM AND EXPLORATION ON PRACTICAL TEACHING

杨 鹏 ◎ 主 编
冯爱秋 钟 丽 ◎ 副主编

北京理工大学出版社
BEIJING INSTITUTE OF TECHNOLOGY PRESS

版权专有　侵权必究

图书在版编目（CIP）数据

实践教学改革与探索 / 杨鹏主编. —北京：北京理工大学出版社，2019.12（2021.7重印）
　ISBN 978-7-5682-8008-2

Ⅰ. ①实… Ⅱ. ①杨… Ⅲ. ①高等学校–教学改革–中国–文集 Ⅳ. ①G642.0-53

中国版本图书馆 CIP 数据核字（2019）第 283777 号

出版发行 / 北京理工大学出版社有限责任公司
社　　址 / 北京市海淀区中关村南大街 5 号
邮　　编 / 100081
电　　话 / （010）68914775（总编室）
　　　　　（010）82562903（教材售后服务热线）
　　　　　（010）68948351（其他图书服务热线）
网　　址 / http://www.bitpress.com.cn
经　　销 / 全国各地新华书店
印　　刷 / 北京虎彩文化传播有限公司
开　　本 / 710 毫米×1000 毫米　1/16
印　　张 / 12.5
字　　数 / 170 千字
版　　次 / 2019 年 12 月第 1 版　2021 年 7 月第 2 次印刷
定　　价 / 45.00 元

责任编辑 / 李慧智
文案编辑 / 李慧智
责任校对 / 刘亚男
责任印制 / 李志强

图书出现印装质量问题，请拨打售后服务热线，本社负责调换

《实践教学改革与探索》编委会

主　编　杨　鹏

副主编　冯爱秋　钟　丽

成　员（按姓氏笔画排序）

于　平　马桂真　牛爱芳　白　梅
吕　勇　刘红英　刘春玲　李红豫
李　克　李　青　杨　昆　杨　静
肖章柯　吴晶晶　邸耀敏　宋静华
张　欣　张建国　张银霞　张　瀚
陈　浩　林　婧　林　琳　郑慧铭
赵亦松　胡　可　顾亮和　徐尚文
高江江　章学静　薛　云　薛永毅

前 言
PREFACE

实践教学是本科人才培养的关键环节,是培养学生理论联系实际、综合运用所学知识技能解决实际问题、培养学生实践能力和创新精神的重要途径,对于增强学生的社会责任感、使命感,提高学生的专业技能和综合素质具有不可替代的作用,是面向产出导向教育(即 Outcome-based Education,简称 OBE)的重要教学训练环节。特别是对于以培养具有创新精神和实践能力的应用型人才为目标的应用型高校而言,实践教学具有不可替代的重要地位。

《国家中长期教育改革和发展规划纲要(2010—2020 年)》明确提出,高等教育要强化实践教学,并对高校实践教学工作提出了更高的要求。2012 年教育部等七部委联合发布了《关于进一步加强高校实践育人工作的若干意见》,全面落实《国家中长期教育改革和发展规划纲要(2010—2020 年)》,进一步加强新形势下高校实践育人工作。这表明国家教育主管部门已经将加强实践教学作为提高高校人才培养质量的重要着力点。国家经济社会发展迫切需要大批具有创新能力、实践动手能力的应用型人才,这就需要高校特别是应用型高校切实加强实践教学建设与改革,全面提高人才培养质量。

北京联合大学作为应用型大学建设的先行者,长期以来,一直非常重视加强实践教学建设与改革。特别是从2011年以来，学校通过实施"实践教学效能提升计划"、产教融合发展计划，在完善实践教学体系、优化实践课程体系和教学内容、创新实践教学模式和管理运行机制、改革实践教学方法和手段、改善实践教学条件、健全实践教学质量监控体系等方面进行了全面的探索和实践，各一线教师和教学管理人员也结合各自的学科专业特点和实际情况，在创新实践教学模式、改革实践教学方法和手段、优化实践教学课程体系和教学内容等方面进行了深入的研究和实践，逐步形成了规范的实践环节质量标准和完善的实践环节质量保障体系。

本科教育最后一个综合性实践教学环节就是毕业设计（主要为工科类专业、艺术类专业等）/毕业论文，是综合运用大学所学系统的基础理论知识和专业知识、实践技能，围绕本专业毕业要求所设定的目标，结合某一选题，进行基本的综合训练和/或增加某一专题研究项目进行针对性训练，力图达到该专业毕业要求所预设的综合运用专业知识形成判断事物、分析或解决复杂问题的能力和综合素养，特别是在我国即将进入新时代高等教育普及化的背景下，提高本科教育教学质量的重要检验手段就是检查其毕业要求的达成情况和水平的高低，检验毕业生毕业时总体上能否达到各项预设能力和素养的标准。大学本科教育在毕业阶段开展毕业设计/论文的理论与实践，在不同类型的高校做法不尽相同，同一高校的不同专业可能其要求也不尽相同，毕业设计或毕业论文的选题或者是通过指导教师的指导选定，或者学生自主开展调查研究进而确定选题，或者师生共同商议选题等，但是无论哪种模式，毕业设计/毕业论文都是解决本专业的实际问题的一个不可或缺的重要环节，这也是中国高等教育与国外高等教育在实践教学环节中一个不同的重要特征。

为了做好毕业设计或毕业论文，往往在选题确定后都要开展与其紧密相关的调查研究工作，即毕业实习实践教学环节。如工科类专业的毕业实习是根据选题和设计内容，结合专业知识与选题要求，开展对设计对象的针对性调查研究，获取第一手重要的设计基础信息，为做好毕业设计进行充足的铺垫。毕业实习是连接专业理论知识与实际的重要纽带，往往以实习单位为研究对象，真刀真枪地做设计或论文，实现理论与实践结合，达到学以致用的目的。毕业实习是综合训练所学专业技术并充分考虑非技术性因素，围绕实际需要进行的比较真实的实践过程，因此是有效开展毕业设计或毕业论文的重要基础条件。尽管不同专业对于毕业实习的要求不尽相同，但是其重要性是不言而喻的。在高等教育由大众化向普及化转变的今天，我们高等学校承担的主要任务是适应新时代中国特色社会主义需要的建设者和接班人，需要大量的高素质应用型人才，因此，对于探索毕业实习的现状和应对措施，有利于提高本科人才的培养质量，北京市哲学社会科学基金项目和北京市教育委员会社科计划重点项目"北京市属高校本科毕业实习现状调查及改进策略研究"课题，经过三年多的研究与实践，得到了北京市属高校教务处和部分毕业生的支持，得到一些有益的结果，这些结果可作为不同类型高校的借鉴。

为推动广大教师和教育工作者及时总结、提炼、反思各自在实践教学建设与改革方面的宝贵经验和成果，我们将各位教师和教育工作者在实践教学建设与改革方面的探索、实践、思考、管理规章制度等以论文集的形式结集出版。希望通过论文集的出版，促进教师间的相互学习、借鉴和应用，也希望为更多的同行者、实践者提供应用型高校实践教学建设与改革相关的平台做法，以期全面推动和深入实践 2018 年全国本科教育大会的"以本为本""四个回归"等精神的落细落实，提升应用型人才培养质量。

杨　鹏

目 录
CONTENTS

第一部分　北京市属高校本科毕业生实习情况调查报告
　　　　　——以 2016 届为例　　　　　　　　　　　　　　001

第二部分　北京联合大学实践教学改革与探索相关论文　031

基于 SWOT 分析的旅游英语专业邮轮旅游实践教学模式研究
　　　　　　　　　　　　　　　　　　　　杨昆　033

计算机专业师范生教育实习问题分析及改进策略研究
　　　　　　　　　　　　　　　张银霞　张瀚　046

英语教育实习问题及对策　　　　　　　　　顾亮和　054

应用型本科通信工程专业技术体系与实践平台建设
　　　　　　　　　　　　　李克　薛永毅　赵亦松　059

基于城市型、应用型艺术学院建设的传统工艺美术人才培养模式创新
　　实践探究　　　　　　　　　　　　　　刘红英　066

基于开放实践教学提升学生专业能力　　　　宋静华　073

校内外声乐实践教学资源共享机制研究　　　　吕勇　079

城市型、应用型大学体验式学习与专业启蒙课程改革与实践
　　　　　　　　　　　　　　　章学静　吴晶晶　084

环境艺术设计专业"设计方法"教学改革研究　郑慧铭　091

基于 Excel 的人力资源管理实训课程设计研究 邱耀敏 100
基于产教融合的"商务智能"实践教学改革 薛云 107
《线性代数》教学内容和体系浅探
——从分块矩阵运算谈起 徐尚文 杨静 114
听障大学生图像处理软件课程教学方法浅探 胡可 林婧 121
大学生参加科技创新项目的实践和研究 李青 李红豫 128
智慧旅游实验室建设探索与实践
马桂真 于平 高江江 牛爱芳 133
以科研体制创新推进应用型大学的人才培养 郑慧铭 139
基于 MOOC 构建线性代数课程混合式教学模式的探讨
杨静 徐尚文 张欣 149
关于经管类实践教学监控机制的思考 陈浩 154

第三部分 北京联合大学部分实习实践教学管理规章制度、质量标准文件 159

北京联合大学普通本科实习实验教学质量标准(京联教〔2018〕37 号)····161
北京联合大学实习管理规定(京联教〔2017〕1 号)········166
北京联合大学学生境外教学实习管理办法(京联教〔2016〕3 号)····171
北京联合大学教学实习经费暂行管理办法(京联教〔2011〕33 号)····174
北京联合大学校外人才培养基地管理办法(京联教〔2018〕13 号)····178

附录 北京市属高校本科毕业实习现状调查问卷 184

第一部分

北京市属高校本科毕业生实习情况调查报告——以 2016 届为例

第一部分 北京市属高校本科毕业生实习情况调查报告——以2016届为例

早在2007年，教育部在《关于进一步深化本科教学改革全面提高教学质量的若干意见》（教高〔2007〕2号），2012年教育部等部门《关于进一步加强高校实践育人工作的若干意见》中就提出："要高度重视实践环节，提高学生实践能力。要大力加强实验、实习、实践和毕业设计（论文）等实践教学环节，特别要加强专业实习和毕业实习等重要环节"，"要采取各种有力措施，确保学生专业实习和毕业实习的时间和质量，推进教育教学与生产劳动和社会实践的紧密结合"[1-2]。2013年教育部出台的新一轮本科审核性评估方案中明确将"实习实训的落实及效果"作为一个重要的审核要素[3]。"毕业实习"作为实习的重要组成部分，是学生巩固和深化所学理论知识、培养实践能力的重要环节。学生可以通过实习接触实际工作环境，熟悉未来从业领域，为以后工作打下基础。高校各专业培养方案中一般也都设有毕业实习环节。2016年，全国高校毕业生规模达到765万人，比2015年增加16万人，高校毕业生就业形势更加复杂严峻。大学生的实习经历，作为单位用人的一项重要标准在大学生的毕业准备中也因此显得越发重要。虽然不同高校定位不同，但无论是研究型大学还是应用型大学，对于全体学生来说，其毕业实习实践都是非常重要的教学环节，该环节教学效果普遍受到关注，但从用人单位反馈的信息来看，实践能力欠缺却是用人单位对大学毕业生比较普遍的评价。地方高校多以培养应用型人才为目标，毕业实习状况更是直接影响着学校人才培养质量。为深入了解地方高校毕业实习的现状，发现存在的问题，有效地帮助毕业生解决实习遇到的难题及存在的疑问，在切实加强高校学生实践能力培养过程中准确把控实习环节的问题，以问题为导向，提高普通高校的实习等实践教学环节的针对性和实效性，我们对北京市市属高校的毕业实习状况进行了调查研究。

一、调研方法

1. 研究工具

本次调查研究主要采用了问卷调查法。在查阅相关文献的基础上，研制了北京市属高校本科毕业实习现状调查问卷。本次调查问卷采取不记名纸质填写和电子问卷相结合的方式。为保证调查的覆盖面和样本量，调查范围涵盖了北京市属不同类型的高校，包括北京联合大学、北京第二外国语学院、北京电影学院、北京工商大学、北京农学院、北京石油化工大学、北京信息科技大学、首都经济贸易大学、首都师范大学、首都医科大学、北京印刷学院等 11 所高校 12 个学科门类的 2016 年应届毕业生。按照各高校毕业生规模约 10% 的比例抽取调查样本，共计发放纸质问卷 2 050 份，实际回收 1 730 份，有效问卷 1 708 份，纸质问卷有效回收率为 83%。

2. 调研对象

参与调查问卷的毕业生中，女生占 58.26%，男生占 41.74%。研究对象涉及上述 11 所高校 12 个学科门类下的专业，所调查的学科门类毕业生人数分布情况如图 1 所示，其中参与调查的学科门类毕业生人数排在前五位的分别是工学、管理学、经济学、文学、艺术学，这与北京市属高校 2016 年本科毕业生的学科分布情况基本一致。不同高校参与调研的毕业生人数分布情况如图 2 所示。问卷内容主要包括学生个人基本情况、毕业实习时间安排和长度、获取实习机会的途径、实习指导、实习过程管理、实习成绩评定、实习经费保障、实习待遇、实习内容与专业的相关性、实习效果的满意度等 12 个方面 37 项内容。

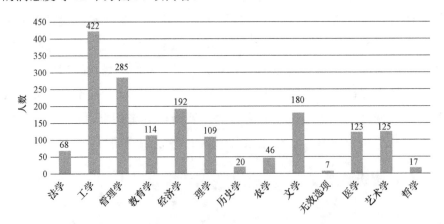

图 1 调查的各学科门类毕业生人数分布情况

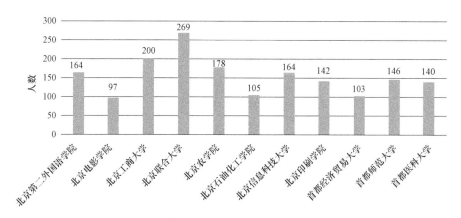

图 2 不同高校参与调研的毕业生人数分布情况

二、调查结果分析

（一）实习安排

1. 实习时间安排

从调查结果看，所有被调查专业均设置有毕业实习环节。其中有33.72%的学生其毕业实习被安排在最后一个学期即第8（五年制专业为第10学期）学期，22.01%被安排在第7学期，19.26%被安排在第7～8（五年制专业安排在9～10学期）学期。详见图3。从高校通常的教学运行看，第6学期多安排有专业课程的教学任务。第6学期（五年制一般是第8学期）结束之后，培养方案规定的主要课程基本上都已完成，从第7学期开始安排毕业实习是比较普遍的情况。调查也证实，74.99%的毕业生毕业实习被安排在第6学期结束之后。不过需要注意的是还有将近20%的学生从第6学期开始就已经进入毕业实习环节，这样的时间安排更多的可能是为了避免学生毕业实习与找工作、考研等时间上的冲突。这未免不是一种解决的办法，但需要考虑学生在前5个学期的学业负担及总体的教学安排，避免出现由于课程安排不合理而影响实习效果的问题。调查也显示（如图4所示），绝大多数毕业生认为毕业实习安排在第7～8（五年制第9～10学期）学期比较合适，其中33.72%的毕业生认为毕业实习应该安排在第8（五年制第10

学期)学期,22.83%的毕业生认为毕业实习应该安排在第7(9)学期,21.08%的毕业生认为毕业实习适合安排在第7~8(9~10)学期,即整个毕业学年。

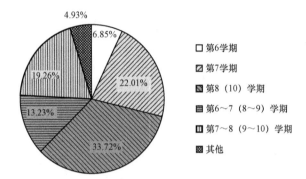

图3 各专业毕业实习所在学期的安排情况

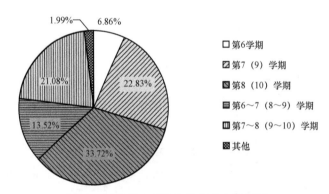

图4 调查学生建议毕业实习安排学期

2. 实习时间

毕业实习是在学生学完全部课程之后到实习现场参与一些实际工作的实践教学形式。关于毕业实习时间,教育主管部门没有统一明确的要求。从各高校实际情况来看,也是从几周到一年不等。调查显示(如图5所示)有42.45%的毕业生毕业实习时间为1~3个月,22.13%的为3~6个月;超过6个月的占15.75%,实习时间满一年有3.04%,还有18.74%即将近1/5的毕业生毕业实习时间不到一个月。学生进到实习单位,通常需要先熟悉工作环境,实习时间过短,实习内容难以保证,往往会走马观花,流于形式,不能完成预期的实习目标,难以达到预期的毕业实习效果;另一方面,学生毕业前还有毕业设计（论文）的任务以及找工作等现实问题困扰，要求毕业实习超过半年，甚至一年，实践起来确实会有困难[4]。前程无忧网曾做过相关调查，除了短期项目外，多数公司会希望实习生在职至少 3 个月[5]。国内有学者根据调查，建议大学生毕业实习时间两个月到半年[6]。美国大学生在企业的实习期一般是 3～4 个月[7]。综合各方面因素，我们认为本科毕业实习时间在 3～6 个月比较合适。

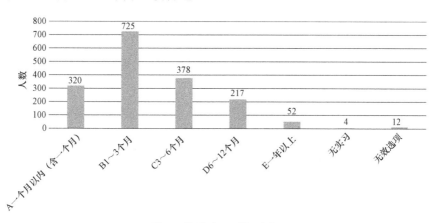

图 5　毕业实习时间分布

（二）获取实习机会的途径

1. 实习单位获取途径

找到合适的实习单位是毕业生进行毕业实习的首要前提。如图 6 所示，在被调查的 1 708 名毕业生中，有 637 人即 37.30%的毕业生是通过自己寻找的实习单位，排在第一位；446 人即 26.11%的毕业生通过院、系统一安排获得的实习机会，394 人即 23.07%的毕业生是通过学校或老师推荐得到的实习机会。此外，还有 196 人即 11.48%的毕业生通过亲友介绍找到实习单位。由此可以看出，由高校统一安排即集中组织的毕业实习仅占了 1/4 左右，3/4 的学生毕业实习属于自主分散模式。集中组织的毕业实习，过程管理往往比较规范，实习的效果也更有保证。自主分散实习由于过程管理难度大，实习效果往往很难得到保证。

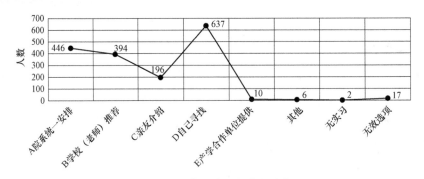

图6 学生获得实习机会的途径

毕业生性别不同，在获取实习机会的途径上是否存在差异呢？统计显示，40.50%的女生是通过自己寻找的实习机会，33.28%的男生是通过自己寻找的实习机会；通过院系安排、学校（老师）介绍或者亲友介绍获得实习机会的男生有64.23%，而女生通过这些方式获得实习机会的占57.79%。由此可见，毕业生中的男生在自主寻求实习机会方面的积极性相对女生而言欠缺一些，如图7所示。

调查数据还显示，毕业生更倾向于通过院系及学校（老师）获得实习机会。其中希望院系统一安排实习的毕业生占29.27%，倾向于高校教师推荐的毕业生占32.03%，有25.76%的毕业生倾向于自己寻找实习机会，另有5.50%的毕业生期望产学研合作单位提供实习机会，如图8所示。这说明目前北京市属高校的毕业生在寻找实习岗位方面的主动性还比较欠缺。

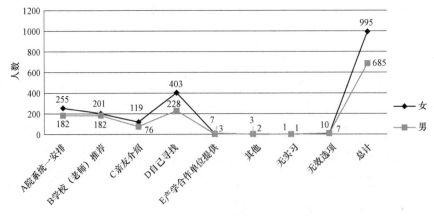

图7 你是通过什么方式获得实习机会的

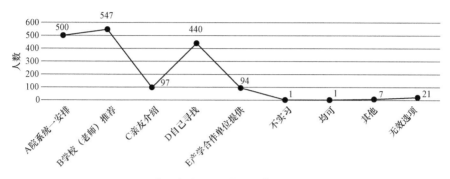

图 8　您更倾向于哪种形式获得实习机会

2. 实习地点

对于学生的实习地点,从调查数据来看,78%的毕业生选择在京内实习,这还不包括在校内实习,加上在校内完成实习的7%,85%的毕业生选择在京内地区实习,选择在京外单位实习的仅占12%。这与北京相对发达、完整的产业结构和经济社会环境是密不可分的,众多的企事业单位为学生提供了丰富的实习机会。但另一方面,统计显示,仅有1%的毕业生在国外完成毕业实习任务,说明学生在海外实习的机会还是非常少,与学生参与中外大学交流合作的机会相关,海外实习资源的拓展还不足,这与北京国际交往中心的功能定位还不太匹配,拓展海外实习场所还有比较大的提升空间,如图9所示。

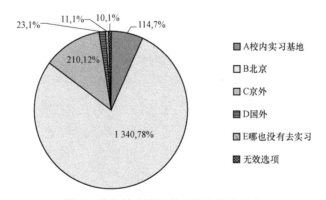

图 9　您的毕业实习单位是在什么地方

为此,我们专门设计了一项信息,了解学生参与国(境)外交流(换)

情况，就是参加学校组织的境外高校交换或合作项目的学生参加毕业实习的情况。从调查的数据看，参与调查的学生中绝大多数毕业生没有参加这类项目，在参加相关交换或合作项目的毕业生中，也只有14.64%的人在国外参加了毕业实习，如图10所示。

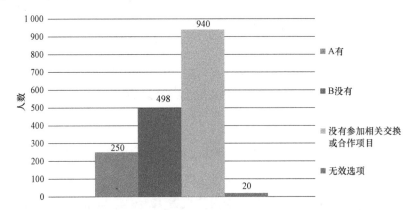

图10　若是参加了本校与境外高校的交换或合作项目，不能回国做毕业设计（论文），您在国外的高校里是否有毕业实习

（三）实习过程管理

1. 实习培训或指导

（1）高校对于毕业实习的指导培训情况

实习指导对于提升实习效果具有重要意义。调查（如图11所示）显示，63.52%的毕业生所在高校在毕业实习前有相关培训或指导，也有25.64%的毕业生反映所在高校没有组织相关培训或指导。调查还显示，在实习过程中，大多数学校有毕业实习的指导教师，但仍有9.31%的毕业生反映没有实习指导教师，还有17.27%的毕业生表示不清楚是否有相关指导教师，也就是说至少有超过1/4的学生毕业实习过程中缺乏教师指导，有放任自流的倾向。这一方面是与很多毕业实习属于自主分散实习，而实习指导教师对实习生的过程监管难度加大有关，另一方面也与高校实习指导教师的配比、政策导向和考核机制等有关。

配有实习指导教师的学生实际情况又如何？调查（如图12所示）

显示，35.34%的指导教师全程带领学生实习，并给予经常性指导，有50.41%的指导教师定期或不定期到各实习地点检查工作，给予学生实习指导，另有5.13%的指导教师的实习指导可能流于形式，对学生的实习过程缺乏指导。再进一步分析有教师指导实习的前提下，指导教师管理指导的投入情况。教师在学生实习期间平均每个月对学生具体指导的次数情况（如图13所示）表明：54.04%的指导教师每个月指导次数为1～4次，仅有9.89%的指导教师每月指导8次以上。说明高校毕业实习的指导教师的责任和目标任务要求还不一致，有比较大的差别，实习环节的教师责任意识还需要进一步提高，实践环节的教学质量标准等还需要进一步明确。

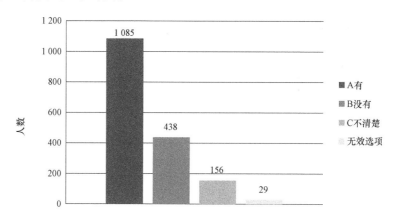

图11　您在实习之前，学校或学院有没有给予相关的培训或指导

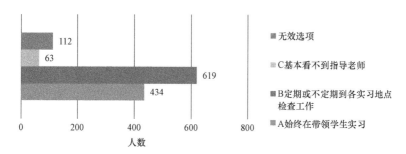

图12　在统一组织实施的实习过程中指导教师指导情况

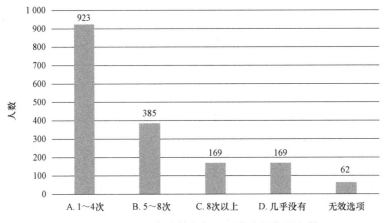

图 13　院（系）指导教师每月对学生的指导次数

（2）学生对学校指导老师的评价

统计显示，82.73%的毕业生认为院系指导教师在学生实习期间表现负责，并给予了恰当的指导（包括 41.74%认为指导教师非常负责、学到了很多东西，40.98%认为指导教师比较负责、学到了一些东西的学生），如图 14 所示。

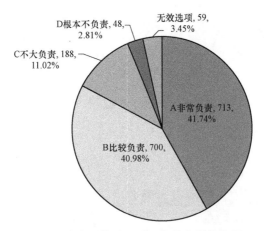

图 14　请您评价院（系）指导老师的指导

（3）实习前学生的准备情况

作为学生毕业前的毕业实习环节，实习前的准备充足与否，对于实习的效果将有非常大的影响，特别是实习之前，毕业生是否已经掌握了比较完备的专业知识和专业技能,带着问题去对本专业领域进行全面的实践体验。调研结果显示,仅20%的毕业生在实习前有充分准备,多数毕业生认为在参加毕业实习前在专业知识和专业技能方面并未做充分准备,如图15所示。

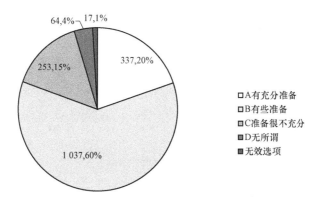

图15 您认为您在实习前专业知识和专业技能方面准备得如何

调查还显示,女生在实习前专业知识和技能的准备比较充分,男生相对的准备不太充分(如图16所示),也在一定程度上说明男女生在学习习惯等方面存在一定的差异,应该引起高校教学管理者和广大教师的注意,要通过问题导向和任务导向,明确实习前的任务要求,确保实习的效果。

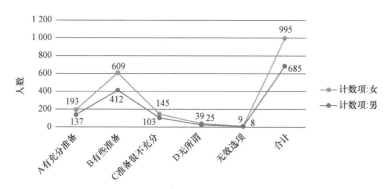

图16 您认为您在实习前专业知识和专业技能方面准备得如何

(4)实习单位对学生培训指导情况

实习单位指导教师对提高毕业实习效果有重要作用。调查(如图17所示)显示,68%的毕业生所在实习单位有负责指导学生实习的人员,16%的应届毕业生所在实习单位没有负责指导学生实习的人员。进一步分析显示（如图 18 所示）：其中 49.1%的毕业生认为指导人员非常负责，给予自己很多指导，学生能够学到很多东西；34.88%的学生认为指导人员比较负责，给予了一些指导；还有 4.57%学生认为指导人员不太负责，很少给予指导或者根本没有指导。这说明，绝大多数学生认为能得到实习单位人员的有效指导。这一方面与政府政策、企事业文化有关，另一方面也说明在实习生的管理方面，高校和企业之间还没有密切的合作机制，企事业单位在高校人才培养中的责权利还不明确，高校与企事业单位之间没有协议的合法保障。特别是对于那些通过个人渠道自主获得实习机会的学生，实习单位对于实习生的指导更难以落实。

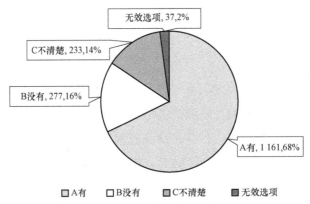

图 17　您所在的实习单位有没有负责指导学生实习的人员

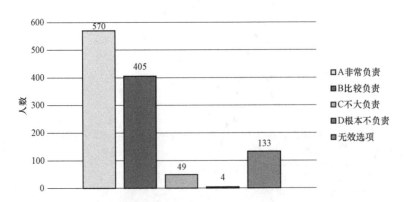

图 18　实习单位的指导教师在实习的过程中对学生的指导情况

我们进一步分析了接收实习生的这些单位,它们对于接收的毕业生实习任务是如何安排和确保安全实习的。统计显示:60.6%的毕业生所实习过的单位给予实习生入职培训,13.0%的实习生可以经常参加企业正式员工的培训或讲座,另有6.7%的实习生没有参加专门的实习培训,只是碰机会才能参加企业给正式员工的培训或讲座。

2. 实习要求及管理

(1) 高校对学生的实习要求和管理

69.15%的学生表示,所在高校对毕业实习有明确要求,要求学生提交实习日志和实习报告等,但仍有16.33%的学生反映学校对毕业实习无明确要求,12.52%的学生不知道有没有要求,对于实习的要求不重视,如图19所示。

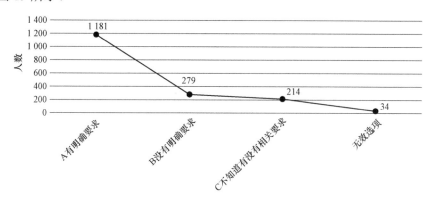

图19 学校或学院对您在企业的毕业实习有无明确要求

(2) 实习单位对实习生的管理

调查显示,大多数实习单位对实习生管理严格,71.78%的毕业生反映实习单位按照本单位规章制度管理或者对请假有要求,14.40%的学生反映实习单位对他们基本没有要求,还有11.94%的毕业生在实习期间可以来去自由,实习单位没有管理,如图20所示。

3. 实习成绩评定方式

大多数学生的毕业实习成绩是由学校指导教师根据实习日志、实习报告、实习单位鉴定意见进行评定的,占全部参与调查毕业生的54.74%,20.61%的学生毕业实习成绩由实习单位指导教师和学校指导教

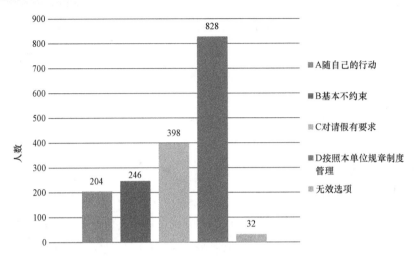

图 20　您所在的实习单位对实习生的管理

师共同评定，12.82%的毕业生实习成绩由实习单位教师评定，还有7.49%的毕业生实习成绩以实习单位指导教师、学校指导教师和学生自评相结合的方式进行评定，如图 21 所示，呈现出毕业实习成绩评定的多元化趋势。

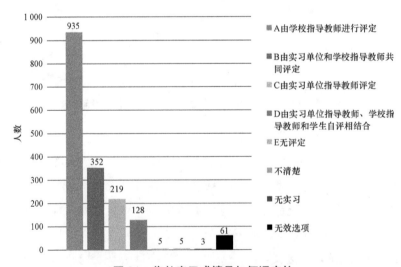

图 21　您的实习成绩是如何评定的

实习单位与学校指导教师共同参与学生毕业实习成绩的评定对于促进学生毕业实习的过程管理有积极意义，但要注意完善参与的形式，通过毕业实习成绩评定切实发挥实习单位对提升学生毕业实习效果的推动作用。调查数据显示（如图22所示），70%的毕业生所在实习单位会根据学生实习情况认真填写实习评估意见，但调查也显示还有20%的毕业生所在实习单位对实习评估意见填写比较随便，不那么认真负责，另有9%的毕业生所在实习单位不给开具实习评价意见。

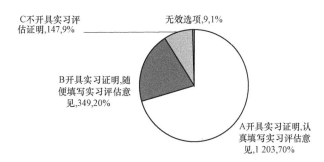

图22 您所在的实习单位会对您所做的实习做怎样的评估意见

那么对于目前的成绩评定方式，学生是否认可呢？调查统计显示：87.94%的毕业生对目前的毕业实习的成绩评定方式比较认可，但仍有9.43%的毕业生对目前成绩的评定方式不太满意。

（四）实习经费保障情况

1. 毕业生对学校给予实习经费保障的了解情况

调查显示（如图23所示），多达87.94%学生没有拿到过毕业实习补贴或者不知道学校有实习补贴，仅有8.20%的毕业生获得过少量实习补贴，在一定程度上说明高校在学生毕业实习经费保障方面还做得不够。被调查学生拿不到实习补贴原因大致有三个方面：一个原因可能是学校确实没有相关的经费列支；另一方面还可能是过多的经费使用条件的限制，再加上很多学生属于分散实习，报销手续又比较烦琐，导致一些学生放弃实习经费使用；还有可能是毕业实习的组织方式不同，毕业生对学校给予的毕业实习经费支持情况不了解。

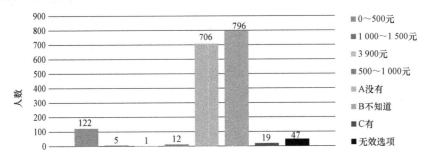

图 23　贵校给学生毕业实习的补贴标准是多少

2. 实习单位的薪酬情况

调查统计表明（如图 24 所示）：25.70%的毕业生实习期间无薪酬，34.72%的毕业生实习期间薪酬低于 1 500 元（其中包括 5.15%的毕业生实习期间薪酬在 500 元以下，14.87%的毕业生实习期间薪酬为 500～1 000 元，14.70%的毕业生实习薪酬为 1 000～1 500 元），7.55%的毕业生实习薪酬为 2 000～2 500 元，8.02%的毕业生实习薪酬为 2 500～3 000 元，8.55%的毕业生实习薪酬在 3 000 元以上。从专业的学科分布情况来看，工学、管理学、经济学专业毕业生的实习薪酬要普遍好于其他学科的专业。实习单位是否应该给予实习生一定的薪酬，目前我国还没有相关的政策依据。如果企业能给予学生适当的薪酬，对于调动学生毕业实习的积极性有一定的促进作用。但对于很多企业来说，由于企业的经济效益不佳，接收学生实习会给

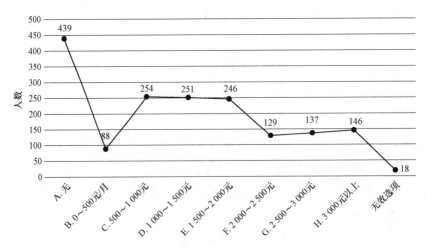

图 24　您的毕业实习单位给您的薪酬是多少

企业带来一定的负担、更多的责任，再要求其支付一定的薪酬，某种程度上可能挫伤这些企业接收实习生的积极性。

通过对比分析：按照学科门类来分析，毕业实习期间实习单位不提供薪酬的情况分别如下：医学类81.3%，教育学类52.63%，哲学类41.18%，工学类30.81%，农学类30.43%，理学类27.52%，法学类20.59%，艺术学15.20%，历史学10%，文学10%，经济学9.9%，管理学8.07%，从学科分类来看，管理学门类实习期间实习单位给予薪酬的比例最高，与管理类企业收益有很大的关系，如图25所示。

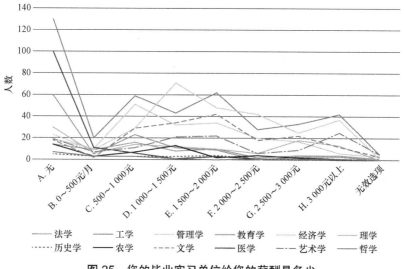

图25 您的毕业实习单位给您的薪酬是多少

（五）学生对毕业实习的评价或满意度情况

1. 学生对高校在实习安排方面的满意度情况

54%的学生认为学校在帮助学生实习方面做得很好，帮助学生联系对口的实习单位，使学生专业能力得到了很好锻炼；28%的学生认为学校做得一般，只是象征性地带学生去一些企业观摩或进行短期实习；还有8%的毕业生认为学校在此方面做得不好，完全不管学生，学生只需要拿相关证明就可以拿到学分（如图26所示）。

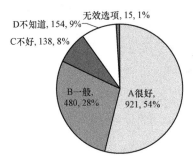

图 26　您认为您的学校或学院在帮助学生毕业实习方面做得怎么样

关于学生对学校毕业实习管理的总体满意度情况，调查发现 46.96%学生表示满意（包括非常满意的 11.77%和满意的 35.19%），不到一半。其他超过一半学生认为学校毕业实习管理一般或明确表示不满意。说明各高校在对毕业实习管理上还需要加强。关于学生对学校在实习管理方面的意见，排在前三位的分别是毕业实习的组织管理、毕业实习经费和毕业实习的周期。

2. 实习内容与专业及所学知识的相关性情况

从调查结果看（如图 27、图 28 所示），44.09%的学生认为毕业实习的内容与专业很相关，43.62%的学生认为比较相关，也就是说从总体上看，绝大多数学生认为毕业实习内容与专业还是比较相关的。但也有 10.54%的毕业生实习内容与专业一点都不相关。

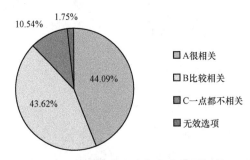

图 27　您的实习内容与专业是否相关

不同学科门类专业的学生其毕业实习内容与专业的相关性情况如何呢？从表 1 可以看出，医学类专业毕业实习内容与专业相关度最高，其次是经济学类，之后依次为艺术学类、工学类、教育学类、农学类、管理学

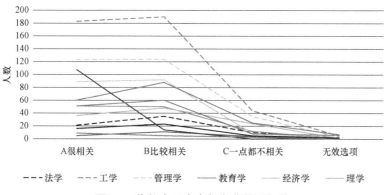

图 28　您的实习内容与专业是否相关

类、文学类、法学类、哲学类、历史学类、理学类。其中历史学类专业和理学类专业毕业实习内容与专业不相关的比例达到甚至超过了 20%。

表 1　不同学科门类专业毕业实习内容与专业相关度情况　　　%

学科门类	很相关	比较相关	一点都不相关
医学	88.52	11.48	0.00
经济学	46.84	48.42	4.74
艺术学	42.86	50.42	6.72
工学	43.88	45.56	10.55
教育学	45.13	44.25	10.62
农学	36.36	52.27	11.36
管理学	43.62	43.97	12.41
文学	34.68	50.87	14.45
法学	31.82	53.03	15.15
哲学	52.94	29.41	17.65
历史学	25.00	55.00	20.00
理学	33.33	44.44	22.22

实习内容与所学专业相关性情况是考察毕业实习内容的一个方面。但实习内容与所学知识的关联性也是需要关注的一个方面。调查显示（如

图 29 所示），30.48%学生认为毕业实习内容与所学知识联系很大，31.96%的学生认为毕业实习内容与所学知识联系较大，另有 27.35%的毕业生实习内容与所学知识联系一般，还有 10%左右的学生认为毕业实习内容与所学知识联系较小或很小。也就是说还有超过 1/3 的学生认为毕业实习与所学知识关联度不大。这一方面提醒我们要通过学生毕业实习的信息反馈来反思并持续改进我们的课程体系和教学内容，完善各实践教学环节的质量标准，规范教学质量；另一方面也说明，在学生毕业实习单位的选择上要尽量考虑专业的对口问题，否则支撑毕业要求达成的重要实践环节的质量和效果将大打折扣。

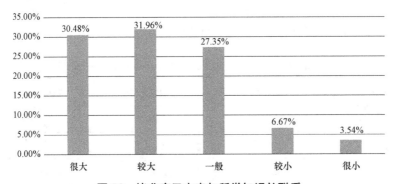

图 29　毕业实习内容与所学知识的联系

3. 毕业实习对学生能力提升的情况

调查显示：63.93%的毕业生认为在实习后所学专业技能有大的提高（包含 23.59%的毕业生专业技能提升很大和 40.34%的毕业生专业技能提升较大），如图 30 所示，说明毕业实习对于提升学生的专业技能具有重要作用。

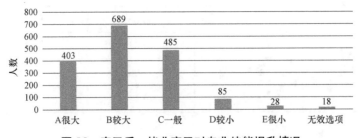

图 30　实习后，毕业实习对专业技能提升情况

此外，从图 31 中也可以看出毕业实习除了对专业知识和其他知识的运用能力有明显提高外，对学生处理问题的能力、沟通能力、做事态度等方面都有明显提高，特别是对处理问题的应变能力方面的提高被排在了第一位。

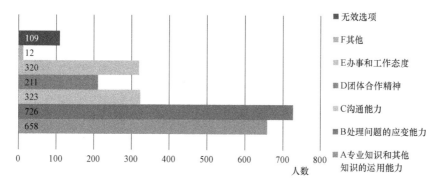

图 31　在单位实习过程中您发现您哪方面提高最为明显

4. 对于实习效果的满意度情况

关于实习效果，调查显示，72%的毕业生满意自己的实习效果（包含 17%很满意的毕业生、49%比较满意的毕业生和 6%满意的毕业生），如图 32 所示。说明各大高校毕业生大多能顺利实习，能在实习中找到自己的定位。

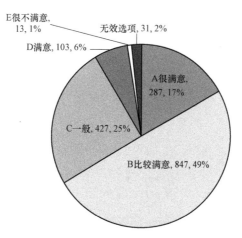

图 32　您对自己实习效果的评价

5. 学生在毕业实习中遇到的困惑

了解学生在毕业实习中的困惑，可以有针对性地改进毕业实习管理。调查发现（如图33所示），学生在毕业实习中所遇到的困惑，排在第一位的是认为实习单位提供的机会太少，学历优势难以发挥；排在第二位的是感觉自身工作能力不足；第三位的是实习内容与所学相差太远。除了第一条需要学校、用人单位以及政府部门在这方面共同作用，以期有所改善之外，第二条和第三条是学校在日常的教学中要注意改进和加强的。

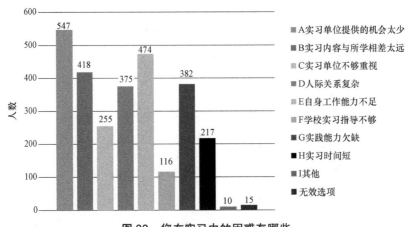

图33　您在实习中的困惑有哪些

6. 学生在实习管理方面的意见

对于学生在实习管理方面的意见，据调查，34.95%的毕业生认为学校对毕业实习工作的组织管理需要改进，30.91%的毕业生认为毕业实习周期的安排有待改进，32.79%的毕业生期望毕业实习经费能够提高，参与调查的毕业生对毕业实习内容的选择和毕业实习基地的建立也期待改进，如图34所示。

调查发现，大多数毕业生更希望所在院校能提供更多实习机会，并在实习前的培训指导、专业技能的培养以及实习时间安排方面大力加强，如图35所示。

7. 实习中毕业生对自身知识储备的认识

在调查中，17.56%的毕业生认为实习中自身知识储备充足，38.76%的毕业生认为自身知识储备较充足，33.61%的毕业生认为自身知识储备一般，

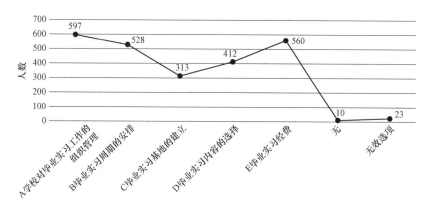

图34 您认为目前的毕业实习现状在哪些方面需要改进

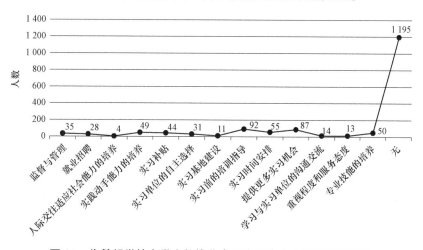

图35 您希望学校在学生的毕业实习方面应大力加强哪些内容

8.02%的毕业生觉得自身知识储备有较大缺陷,这说明还有41.63%的毕业生对自己在毕业实习中所需的知识储备不满意,如图36所示。

不同性别的毕业生对此问题的认识有无差异呢?调查显示,58.98%的男生在实习中认为自身知识储备充足(包括19.42%认为自身知识储备充足和39.56%较充足的男生),而女生在这方面的自信度要弱于男生,低于男生5个百分点(其中16.08%的女生认为自身知识储备充足,37.89%的女生认为自身知识储备较充足),如图37所示。

8. 学生对实习单位比较看重的因素

学生在选择实习单位的时候,对实习单位的哪些因素比较看重呢?调

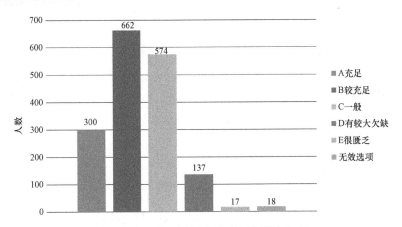

图 36 实习中，您认为自身知识储备如何

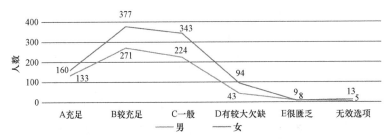

图 37 实习中，您认为自身知识储备如何

查发现，排在第一位的是实习职位的潜力，占 37.35%；排在第二位的是实习单位的工作环境，占 23.18%；而经济报酬排在了第四位。如图 38 所示。

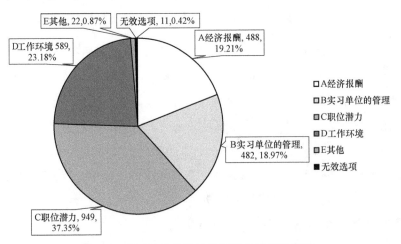

图 38 您对实习单位比较看重的因素是哪些

四、调查结论及对策建议

从以上的调查文卷结果可以看出,总体上,参与调研的北京市属高校中,多数高校对本科生的毕业实习比较重视,有实习要求,实习前有培训,实习中也会有教师进行指导。但从调查结果也可以看出,还有一些高校在毕业实习各环节的管理方面还存在诸多问题,包括实习时间不足、实习基地建设不足、实习经费投入不足、发挥效益不够、实习组织管理不到位、实习过程指导不到位、实习成绩评定不够规范以及实习内容与所学专业和教学内容的相关性不够高等问题。要想解决毕业实习中的这些问题,切实提升毕业实习效果,需要高校、用人单位、政府、社会以及学生等多方共同参与,建立毕业实习质量保障长效机制,具体包括:

第一,加强毕业实习教学改革与研究。将毕业实习教学改革与研究纳入学校教育教学改革的总体规划,设立毕业实习教学改革与研究专项,开展毕业实习的理论研究与实践探索。另外,由于毕业实习改革是一项系统工程,涉及诸多因素,改革的复杂性和艰巨性远大于其他课程。为此,要鼓励各教学单位在专题调研的基础上,结合本单位实际及学科专业特点,提出毕业实习改革的具体实施方案,积极开展毕业实习改革的探索与实践。

第二,从学校规定层面明确设定毕业实习环节的目标和教学大纲。根据不同学科专业门类、不同专业的培养目标定位和学校的整体办学定位,确定不同专业毕业实习的教学目标,以学生学习效果为导向,从毕业设计(论文)的反向设计毕业实习,并综合考虑有效利用学校、专业拥有的社会办学资源,细化专业毕业实习的教学大纲。

第三,合理安排毕业实习时间,根据专业实习大纲,打通毕业实习和就业平台。高校组织毕业实习时,在保证质量的前提下,必须兼顾毕业生择业、就业的需要,充分考虑毕业实习安排与学生找工作、考研等时间冲突问题,将就业服务内容前移,通过与用人单位建立战略合作关系,打通就业和实习平台,实现毕业实习与就业的一体化设计,增加学生就业的机会,既解决学生就业的后顾之忧,又把选拔优秀大学生实习作为用人单位人才招聘前期工作的重要一环,实现用人单位、学校、学生三方共赢。

第四，建立毕业实习培训指导服务机制。"德国高校、政府、企业、研究机构和社会普遍注重对大学生实习进行指导、咨询和服务。很多高校都设置了形式各异的专门机构。"[9]借鉴德国的一些做法，学校应建立健全学生实习的咨询服务机构，建立毕业实习培训体系，针对实习前、实习中不同环节需要，进行针对性培训。如实习前做好实习动员培训，讲清实习目的、实习内容、实习方式以及实习在落实培养目标中的作用，明确实习要求、实习中注意事项等，特别是可以聘请往届毕业生或行业企业人士就毕业实习做专题报告，帮助学生有效选择实习单位、快速适应实习单位要求，并让学生充分认识到毕业实习在巩固专业知识、积累工作经验、获取就业机会方面的重要意义。

第五，建立毕业实习监控制度，严格实习考核评价制度。要加强毕业实习的监督与管理，建立毕业实习督查制度，"使外出实习的毕业生从实习前、实习中、实习后全面加强管理，确保实习成效"[10]；要通过召开实习单位座谈会、学生座谈会等多种形式，了解学生毕业实习状况，对实习过程进行督查；充分利用信息技术，加强实习过程中指导教师与学生和用人单位的交流，及时掌握学生的实习情况，强化毕业实习的过程管理；严格毕业实习考核评价制度，强化毕业实习成绩的过程性评价，明确毕业实习不合格学生处理办法，比如重新实习等。

第六，加强指导教师队伍建设，建立高校和实习单位双导师制度。"实习指导教师的主要任务是指导学生实习实践，其工作内容决定了其具备的能力和素质与普通的理论课教师不同。"[11]要建立校内指导教师的选拔、培训、考核和奖励机制；明确企业实习指导教师的选派条件、实习指导教师的职责，选拔有一定理论基础、丰富的实践经验和创新能力的企业工程技术人员担任实习指导教师；加强学校与实习单位的互动，高校指导教师和企业导师要就实习的形式、内容、岗位等进行沟通落实，共同制定实习内容、实习计划、实习质量标准，将企业导师在学生实习过程中的职责落到实处；高校还要加强指导教师队伍建设，加强双师型教师培养，通过职务晋升、考核、项目资助、奖励等多种措施，充分调动教师在指导学生毕业实习上的积极性、主动性和创造性。

第七，建立毕业实习保障机制。"法国五元合一企业实习系统中，有两大突出的特色：一是，政府在实习系统中的主导作用显著；二是，系统中的参与体都是受益者。"[12]借鉴法国的企业实习系统，政府作为宏观管理者，要发挥主导作用，要通过制定相关政策，明确企业接收大学生实习的义务，为学生实习提供法律保障；还要制定相关法规和出台优惠企业的政策，支持大学生到企业去实习，对与学校合作的企业给予一定的财政补偿，保障各方权益，使各利益相关者之间的关系规范化、制度化；作为学校，要加大经费投入，建设一批综合性、高质量的稳定的校外实习实践基地，探索建立小批次、全产业、大循环的混搭式毕业实习模式，提高实习基地的利用率；学校要加大毕业实习经费投入，建立毕业实习专项经费，并灵活处理经费的使用与管理，保证毕业实习目标的实现，确保参与实习指导学校和企（事）业指导教师必要的经费支持；作为企业要建立接收实习生的长效机制，提供完善的实习生培养制度，并将求职者是否拥有实习实践经验作为企业招聘人才的一个重要考量因素。另外，要强化基于学生学习能力导向的毕业实习环节的质量标准和规范文件，确保毕业实习这个关键性教学环节成为专业培养目标的重要支撑并予以贯彻执行。

第八，建立毕业实习管理的持续改进机制。每一届毕业实习结束之后，要通过评选优秀指导教师和优秀毕业实习生，以及召开实习单位、指导教师、学生等不同层面的座谈会、经验交流会等形式，对学生毕业实习情况进行总结，推广典型经验，收集存在的问题及改进建议，掌握用人单位对人才培养的需求，及时调整课程设置、更新教学内容，完善毕业实习的管理，形成毕业实习管理的持续改进机制。

（致谢：本论文的完成得益于北京联合大学、北京第二外国语学院、北京电影学院、北京工商大学、北京农学院、北京石油化工大学、北京信息科技大学、首都经济贸易大学、首都师范大学、首都医科大学、北京印刷学院等11所北京市属高校教务处及相关部门老师在问卷调查阶段提供的大力支持，谨在此致以诚挚的谢意！）

本调查报告内容来源于2016年北京市教育委员会社科计划重点项目"北京市属高校本科毕业实习现状调查及改进策略研究"（项目编号

SZ20161141729）。调研报告撰写人（项目组成员）：杨鹏、冯爱秋、牛爱芳、钟丽、张建国、林琳、张晶晶等。

参考文献

[1] 中华人民共和国教育部. 教育部关于进一步深化本科教学改革全面提高教学质量的若干意见[Z]. 2007-02-17.

[2] 中华人民共和国教育部 中宣部 财政部等七部门. 教育部等部门关于进一步加强高校实践育人工作的若干意见[Z]. 2012-01-10.

[3] 中华人民共和国教育部. 教育部关于开展普通高等学校本科教学工作审核评估的通知[Z]. 2013-12-12.

[4] 李红梅,卢苇,陈旭. 毕业实习与设计过程管理质量保证体系的研究与实践[J]. 高等工程教育研究，2012（6）：167.

[5] 前程无忧. 实习多长时间比较合适？[EB/OL].（2016-08-19）[2018-05-23]. https：//zhidao.baidu.com/question/1758415346480263708.

[6] 汪雅霜. 大学生毕业实习的调查研究[J].国家教育行政学院学报，2012（12）：82.

[7] 青帝. 美国大学生抢实习[EB/OL].（2013-12-18）[2018-05-23]. https：//www.xzbu.com/9/view-4662853.htm.

[8] 程琳. 课程论视角下的本科生企业实习问题研究[D]. 上海：复旦大学，2012：34-35.

[9] 陈仁霞. 关于德国大学生实习情况的调研[J].世界教育信息，2009（3）：79.

[10] 李小明,周鸿勇. 地方高校工商管理本科学生毕业实习的现状与对策[J]. 绍兴文理学院学报，2009（11）：8.

[11] 刘燕琼. 充分发挥实习指导教师的作用提高本科生毕业实习质量[J]. 黑龙江科技信息，2010（2）：174.

[12] 蒋志鸿. 法国工科生五元合一企业实习系统研究[D]. 武汉：华中科技大学，2013：53.

第二部分

北京联合大学实践教学改革与探索相关论文

基于 SWOT 分析的旅游英语专业邮轮旅游实践教学模式研究

杨昆

摘　要：随着全球化进程和我国旅游事业的快速发展，社会对英语专业学生旅游英语实践应用能力的要求也越来越高。应用型本科旅游院校英语专业传统人才培养模式中，实践教学体系存在很多的问题，已经很难适应当今社会对于应用型、城市型和创新型旅游外语人才培养的要求。为此，北京联合大学旅游学院旅游英语系从 2012 年开始通过科学研究和积极创新，重新构建了英语专业"多渠道、多模块、多形式"的旅游英语人才培养创新体系。其中，邮轮旅游集中实践教学环节因其能够充分利用校外实习基地、强化校企合作、提升产学研结合办学效果、实现理论教学和实践教学的相互促进，从而成为我系实践教学体系中的一大亮点。本文将采用 SWOT 分析法对邮轮旅游集中实践教学模式进行系统分析，总结经验，发现问题，借助机遇提出可行性、创新性建议，以利于旅游外语人才培养创新体系中实践教学模式的进一步完善。

关键词：SWOT 分析　邮轮旅游　实践教学　模式研究

引　言

当前，我国旅游业已全面融入国家战略体系，走向国民经济建设的前沿，成为国家经济社会发展的战略性支柱产业。"十三五"期间，全面建成小康社会、贯彻五大发展理念、推动供给侧结构性改革都为旅游业发展提供了重大机遇，我国旅游业将迎来新一轮黄金发展期。然而，面对新形势、新任务、新要求，旅游专业人才队伍建设与旅游业的快速发展还有很多不适应的地方。其中较为突出的问题之一就是旅游高等院校或相关旅游专业的人才培养模式已经很难适应当今社会对于应用型、城市型和创新型旅游专业人才培养的要求。问题主要体现在人才培养上仍存在着重理论轻实践的倾向，造成所培养人才的实践能力和创新能力不强，不能满足发展迅猛的旅游产业的需求，所培养人才的数量和专业方向结构也与社会需求存在一定差距。为适应我国，特别是首都旅游产业发展的要求，必须加快培养应用型、创新型旅游专业人才。

实践教学是应用型创新人才培养的重要环节，对于提高学生的实践能力、创新能力和社会适应能力具有重要作用。在《国家中长期教育改革和发展规划纲要（2010—2020年）》、教育部《关于进一步深化本科教学改革全面提高教学质量的若干意见》，以及《"十三五"旅游人才发展规划纲要》等文件中，均多次强调、强化实践育人环节，推进协同创新，加强高校与行业、企业和科研院所间的产学研合作。国家对高等教育实践教学的重视程度不断提高，而实践教学应与行业和企业紧密结合才能不断提高教学质量，满足社会经济发展对人才的需求。近年来高校与企业的合作逐渐增多，北京联合大学旅游学院旅游英语系在校企合作、实践育人方面勇于尝试，开拓创新，积累了一定的经验，也获得了社会、合作企业、毕业生以及所在院校的认可。

一、北京联合大学旅游学院旅游英语系英语专业实践教学体系

北京联合大学旅游学院是新中国设立的第一所旅游高等教育本科院校，是中国旅游高等教育的开创者。自1978年建院以来，学院为首都旅游行业培养了大批高素质人才，现有旅游管理、旅游经济、酒店管理、餐饮管理、旅游英语、旅游日语6个系。

旅游英语系以首都世界城市建设中"英语+旅游"的外语综合人才需求为目标，以学生就业为导向，致力于建设一个以英语语言文学为基础、英语语言应用为特色的应用型英语本科专业。注重培养学生实际应用英语语言的基本技能，强化文本释读能力、翻译能力和专门用途英语能力，强调中西方文化素质教育和跨文化意识，注重外语学习过程中的旅游职业英语

能力的培养，为首都北京建设"四个中心"培养高素质应用型人才。英语专业课程设置尊重外语教育规律，坚持理论联系实际和知识与技能并重的原则，确保英语专业基础教学质量。专业计划制订的同时充分考虑到学生在职业能力培养方面的需求，在职业能力培养上设置了"旅游翻译"和"旅游文化"两个方向，学生可选择其中一个方向，完相应课程的学习。英语专业总体课程体系框架是按照学校统一的通识教育平台、学科大类教育平台、专业教育平台、实践教学平台和素质拓展平台这五个平台进行构建。

英语专业实践教学体系按照课程实践教学、分散实践教学、集中实践教学以及素质拓展教育等实践教学环节设置，培养学生英语语言的应用能力和创新能力，重新构建了英语专业"多渠道、多模块、多形式"实践教学体系（如图1所示），解决了课堂教学理论与实践脱节的问题。

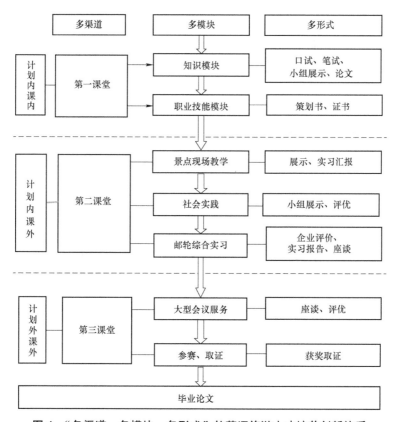

图1 "多渠道、多模块、多形式"的英语旅游人才培养创新体系

二、邮轮旅游实践教学现状研究

1. 邮轮旅游实践教学背景介绍

旅游英语系集中实践教学主要分为"英语语言综合能力训练""职业英语能力培训"和毕业实习等专业实习、职业认知和体验实习。"职业英语能力培训"是以旅游行业需求设计的实践教学。天津邮轮母港邮轮陆上接待服务顶岗实训是实践教学的重要环节。

随着世界经济全球化发展，我国人民生活水平逐步提高，邮轮旅游已经成为近几年国内游客首选的出游方式。为了给游客带来更加愉悦而难忘的旅游体验，提高邮轮公司及邮轮陆上接待服务公司的工作质量，首要的就是让服务规范化、标准化、人性化。服务质量的高低不仅体现了邮轮旅游的文化和价值，更直接展现了邮轮公司的国际形象。然而，由于国际邮轮公司服务人员均来自世界各地，而负责邮轮陆上接待服务的主要是中国员工，因此语言的交流就成为工作中的最大障碍，特别是服务中涉及邮轮服务的专业术语的使用更是难上加难。这样难免会影响外籍员工与中国员工在工作中的交流配合，进而降低了工作效率，最后使服务质量大打折扣。自2013年以来，北京联合大学旅游学院与Intercruises Shoreside & Port Services公司进行校企合作，既满足了公司对于旅游外语专业人才的需求，同时又为在校英语专业学生提供了优质的集中实习机会和岗位。校企双方经过近6年的校外集中实践合作，不但把英语专业建设与旅游产业和企业发展紧密结合起来，建立了以天津邮轮母港为平台的校外实习基地，而且旅游英语系还摸索和总结实践教学经验，建立了我系独具特色的"多渠道、多模块、多形式"的实践教学体系，并获得2016年联大校级教学成果二等奖。

2. 邮轮旅游实践教学现状总结

① 实习时间。旅游英语系本科英语专业第二学年和第三学年。旅游英语系专接本英语专业第一学年。

② 实习单位。Intercruises Shoreside & Port Services为国际知名旅游企业，专门从事国际豪华邮轮陆上接待服务及旅游活动组织，在业内享有极

高威望。该企业在北京与多家高校进行校企合作，为学生提供实习岗位及就业机会。皇家加勒比国际邮轮（Royal Caribbean International）隶属于世界著名邮轮公司皇家加勒比邮轮有限公司（Royal Caribbean Cruises Ltd.），公司总部位于美国迈阿密。国际旅游系英语专业学生主要为皇家加勒比国际邮轮公司提供邮轮接待服务。迄今为止已经接待服务过该邮轮企业下属的多艘主力邮轮，包括：海洋航行者号、海洋水手号、海洋量子号、海洋神话号。

③ 实习地点。天津东疆邮轮母港客运大厦是旅游英语系英语专业学生每年5月至10月进行邮轮接待服务的实训场所。作为天津的标志性建筑，其年接待游客能力达50万人次，是亚洲规模最大的水运码头客运大厦。

④ 实习时间长度。天津邮轮母港邮轮接待服务集中实践在每年5月至10月进行，具体时间视邮轮公司具体船期而定。

⑤ 实习次数（个人）。根据实习单位实际用人需要，结合实训计划中学生应完成实训课时规定，参加邮轮服务集中实践学生应完成6到8次实践任务。

⑥ 实习内容。协助邮轮客人换乘；通过全英文的设备进行证件查验；地勤指引；船上翻译；配合外籍船员协同开展工作；陆上接送客人到港口或机场并提供途中讲解服务等。

⑦ 实习培训。实习单位在每年四月份，即邮轮服务实践教学开始前，来校集中进行6课时的邮轮陆上接待服务岗前培训，并进行培训验收。经验收合格，学生才有资格申请邮轮服务实践活动。

⑧ 实习资格。旅游英语系本科英语专业大二和大三学生，旅游英语系专接本英语专业一年级学生；参加岗前培训并通过培训验收；身体健康，无重大疾病历史（以入学体检证明为准）；自愿服从学校与实习单位安排。

⑨ 学校实习管理内容。包括准备工作环节、初期安排环节、中期工作环节、考核评定环节、工作总结环节。

⑩ 实习单位实习管理内容。安排实习学生的交通、食宿、保险，以及实习岗位和具体任务。监督、管理和评价实习学生的实践工作，及时反映实习学生的状况，出具实习证明。

⑪ 实习任务。参加实习学生应完成岗前培训、顶岗实习、实训日志记录、实习报告撰写以及实习工作总结与评比。

⑫ 实习工作难度。工作难度适中，劳动强度较大。

⑬ 实习成绩评定、考核办法。

邮轮实践成绩=实习出勤×25%+实习单位评价×25%+旅游企业实习总结×50%

注：实习出勤量化标准：

出勤 8 次以上 100～95 分；出勤 8 次 94～90 分；

出勤 7 次 89～85 分；　　出勤 6 次 84～80 分；

出勤 5 次 79～75 分；　　出勤 4 次 74～70 分；

出勤 3 次 69～65 分；　　出勤 1～2 次 64～60 分；

因特殊原因未参加邮轮实习，自己安排实习单位 60 分；

无特殊原因未参加邮轮实习 0 分。

实习单位评价：是邮轮公司根据实习生工作表现做出的客观评价，成绩为百分制。

邮轮实习总结：是学生在完成实习任务后，所做的实习总结，并以实习报告的形式上交，实习指导教师根据邮轮公司反馈，同学互评，以及实习报告质量所做出的一个综合评价，成绩为百分制。

⑭ 实习与就业。自 2013 年起，北京联合大学旅游学院旅游英语系学生在该公司正式就职的前后共有近 10 人。

⑮ 指导教师。学生邮轮实习的指导教师包括旅游英语系系主任、书记，系教学副主任，教研室主任，实践课指导教师，实习单位负责人，实习主管。

三、邮轮旅游实践教学现状 SWOT 分析

SWOT 分析法又称态势分析法，是 20 世纪 80 年代初由美国旧金山管理学教授韦里克提出，是一种考虑问题全面，可以把对问题的"诊断"和"开处方"紧密结合的系统分析思想。SWOT 即 Strength（优势）、Weakness（劣势）、Opportunity（机会）、Threat（威胁），通过调查列举，从而扬长避

短，发现存在的问题，找到解决的办法，并明确以后的发展方向，得出下一步行动计划。根据上述调研结果，现对旅游英语系邮轮旅游实践教学现状进行 SWOT 分析。

1. 优势（Strength）分析

① 完善和创新旅游英语实践教学体系，解决课堂教学理论与实践脱节的问题。鉴于旅游英语专业学生的特点，真实的、大规模的英语类实践教学基地的选择是实现从理论教学、模拟实习到构建校企实践教学模式的首要任务。旅游英语系通过大量走访、调查、评估与协商，最终选择了 Intercruises Shoreside & Port Services 公司作为学生集中、综合邮轮实习实训基地，解决了学生的真实实习岗位缺乏、实践教学不系统、理论教学与实践教学结合不紧密、实践教学不真实的问题。

② 完善产学合作机制问题。从理论教学为主，到以实践教学倒逼教学改革，在教学中注入更多的实践课程和培训内容，首要的问题是建立一套完善的机制。在院校各级领导的大力支持下，由旅游英语系专业教师和企业代表各负其责的实践教学领导小组成立，充分保障了产学合作渠道的畅通，深化了实践教学，方便了学生在真实的岗位上全面、系统地用自己的专业所学去完成实习的全过程。同时，建立了相关实习制度文件，加强管理，落实测评，完善机制。

③ 整合理论实践，实现方法创新。以行业、企业真实岗位对实习学生能力要求为导向，反观人才培养模式。对理论课进行整合，完善课程模块中的知识模块和技能模块。校内课堂实践、企业实习和社会实习等实践教学相结合，在理论研究的基础上着重培养学生岗位核心能力，培养学生自我管理、相互协调的能力。实现从岗位需求引领课程改革的方法创新。

④ 以真实实习岗位为基础，培养学生的英语语用能力，提高学生的综合能力。在邮轮旅游真实工作岗位上，我系学生和北京第二外国语学院学生合作使用美国皇家加勒比邮轮最先进的安检系统，做三检一关手续。外资公司要求学生的服务与公司在全球各港口、所有船上的服务水准是一样的。从每年 5 月到 10 月，每周都有邮轮到岸，学生的具体分工不同，比如：

地面服务、送外宾到机场饭店、上船服务，教师不能时时、全程相伴。每次实习均有1~2名学生负责人带队，处理并解决实习期间同学们遇到的问题并且积极配合公司管理者的工作。具体工作有：出发前、返校前清点人数；发放工作证及工作服；岗位调换、照顾同学们等事宜。因此，在实习中，锻炼了学生的自我管理能力，增强了学生的团队荣誉感，提升了学生的工作责任心，培养了学生的英语语用能力，提高了学生的交际能力等。2013年起至2017年的5年间，旅游英语系共派出17个班639名学生，4 347人次进行邮轮接待实习工作。出勤率达到98.96%。

2. 劣势（Weakness）分析

① 如图2所示，2013年至2017年英语专业学生参加邮轮实践人数对比可以看出，近两年由于英语专业本科和专接本扩招，参加邮轮实习人数大幅增长，这就大幅增加了邮轮实践的管理难度，同时也增加了指导教师对实习学生的监督管理和考核评估的工作量。

图2 2013—2017年英语专业学生参加邮轮实践人数对比

② 如图3所示，2013年至2017年英语专业学生完成实习任务率对比显示近两年完成邮轮实习任务的学生人数在逐年下降。这表明学生对于邮轮实践作用的认识在下降，不满意程度在增加。

③ 由于实习地点远在天津东疆邮轮母港客运大厦，故参加旅游英语系邮轮实习的同学需要在实习前一天的下午乘坐实习单位提供的大巴前往天津，并下榻当地酒店，第二天一早开始到下午4点左右在天津东疆邮轮母港客运大厦完成邮轮接待实习任务，并在当日返回北京。学生需要克服路途远、劳动强度大、休息时间短等客观不利条件。

图 3　2013—2017 年英语专业学生完成实习任务率对比

④ 国际邮轮在天津东疆港的接待工作集中在每年 5 月初至 10 月初，邮轮每周到港一次。在此期间，实习单位需要旅游英语系每次安排 35 人参加邮轮实践任务，但经常会出现一些不能尽如人意的情况：因个人原因报名，但是临时来不了；个人报了名，但是因人数有限无法排上；实习岗位不固定，需要固定岗位；实习岗位单一，想要轮岗。实习单位的某些规定和学生个人主观因素也让学生对邮轮实践产生不满。

3. 机会（Opportunity）分析

① 政策引领，行业支持。《"十三五" 旅游人才发展规划纲要》中明确提出，支持旅游应用型本科院校和专业的发展；强化实习实训，积极探索现代学徒制，推广"多学期、分段式""淡旺季工学交替"等顶岗实习模式；深化校企合作，依托重点院校、龙头企业、社会机构建设一批示范性旅游职业教育实习实训基地，培育一批示范性校企合作项目，支持开展校企联合招生、联合培养、一体化育人。

② 旅游英语系校企合作单位 Intercruises Shoreside & Port Services 为国际知名企业，专门从事国际豪华邮轮旅游组织及接待，在业内享有极高威望。邮轮服务接待单位为全球第二大邮轮公司皇家加勒比邮轮公司下属的国际邮轮。我国真正意义上的邮轮旅游产品供给始于 2006 年，就是皇家加勒比邮轮公司从上海开始做起的。Intercruises Shoreside & Port Services 和皇家加勒比是互相持股的公司。因此，实习单位的国际化、标准化工作环境和岗位要求毋庸置疑。这与旅游英语系培养国际化视野的旅游专业人才目标不谋而合。

③ 近年来，我国邮轮市场的发展势头迅猛，邮轮接待规模逐年攀升，我国邮轮产业已步入"到港服务与公民出境服务并举"的阶段。快速增长的中国邮轮市场使世界各大邮轮公司在中国布局明显加速。近年来在我国从事国际邮轮业务运营的公司主要有意大利歌诗达邮轮公司、皇家加勒比邮轮公司、丽星邮轮公司、地中海邮轮公司、公主邮轮公司等。

④ 中国北方，距离北京最近的能够停泊万吨级邮轮的天津港国际邮轮母港位于天津港东疆港区南端，与东疆保税港区毗邻，总建筑面积 160 万平方米，岸线长 2 000 米，有 6 个泊位，建有 2 个大型国际邮轮泊位及配套客运站房，码头岸线长 625 米，可停靠目前世界上最大的邮轮，设计年旅客通过能力 50 万人次。天津国际邮轮母港自 2010 年 6 月 26 日正式开港以来，在国内已逐渐形成"北天津、南上海"的邮轮旅游产业发展格局，更是未来京、津、冀大旅游合作圈获得旅游经济效益的重中之重。

⑤ Intercruises Shoreside & Port Services 和皇家加勒比邮轮公司均为国际企业，员工和船员均按国际标准提供服务，因此两家公司要求的工作语言均为英语，接待中国游客时才用汉语。实习生也不例外，在工作环境中员工交流必须使用英语。

4. 威胁（Threat）分析

① 在天津东疆邮轮母港客运大厦进行邮轮服务实践工作的，除了来自北京联合大学旅游学院的学生，还有来自北京第二外国语学院的学生、北京矿业大学的学生和天津旅游职业院校的学生。这些大学生在实习岗位上相互协作、相互交流的同时，也在展示各自学校、各自专业的特点，展示各自学校的形象，在一定程度上也形成了竞争。

② 国际邮轮公司每年根据市场反馈制订第二年的营销计划，因此，每年的邮轮航次、航班时间都需要调整，这会直接影响实习单位对于实习生需求数量上的变化。另外，某些航班对于正常教学秩序会产生影响，比如期中、期末期间的实习任务的完成。

③ 现在的邮轮实习以任务考核为主要方式，实践教学实施形式单一。对实践教育实施形式标准化、统一化的过程，实际上弱化了学生创新能力的培养和个性化的发展。学生可以自主发挥的空间比较小，培养结果仅限

于掌握邮轮接待服务的基本技能，与后续的专业学习或者工程岗位脱钩，这不利于创新人才的培养。

四、邮轮旅游实践教学模式改革的积极探索

在对北京联合大学旅游学院旅游英语系英语专业邮轮旅游实践教学现状进行 SWOT 分析的基础上，为有效提高英语专业本科应用型、创新型旅游专业人才的培养质量，特别提出以下改革建议：

1. *进一步完善以培养应用型和创新能力为核心的实践教学体系*

根据实习单位相关岗位所需的专业能力和素养，结合专业自身特点，明确专业培养目标和培养要求。在专家委员会指导下，由专业教师和实习单位代表共同对实践教学体系进行优化。根据新形势下旅游人才的需求和旅游行业发展现状调整实践教学内容，以科研项目为依托改革实践内容，提高"双师型"教师和企业兼职教师承担教学任务的比例，积极探索现代学徒制，从而形成以能力培养为核心，更符合社会需求的实践教学体系。

2. *进一步推动"产学研"结合提高实践教学水平和质量*

"产学研"结合是通过校企资源共享，开展联合科研项目，一方面解决实际生产、服务中的技术难题，另一方面实现科研成果转化，反哺教学，提高教师教学水平和教学质量。在此基础上，企业在学校建立科研创新基地，以实际课题作为科研课题，吸引学生参与课题研究，培养学生的实践能力和创新能力。

3. *进一步摸清学生对于邮轮旅游实践教学的顾虑，切实解决学生的后顾之忧*

学生在邮轮旅游实践教学中反映出的问题可以归纳为三种类型：第一，对于邮轮旅游实践教学环节的意义和在人才培养体系中的作用认识不清；第二，对于专业知识的学习与实践技能掌握之间的关系认识不清；第三，对于实习地点、岗位要求、劳动强度产生畏难情绪。

针对第一、二条反馈，旅游英语系应在实习动员大会、岗前培训以及其他场合和渠道，明确阐明邮轮旅游实践教学的目的和意义，并解释校外实践的具体要求和规定，明确告知学生邮轮实践属于"职业英语能力训练

Ⅱ"课程的实践环节,该课程安排共 48 学时,2 学分。同时,加强对实习内容的指导和规范,加大过程性指导和考核的比重。并把实习成绩评定、考核办法、实践指导书、实习日志发放到每个参加实践的学生手中。还要重视校外实践与专业学习的结合,指导学生在实习工作中发现身边的与专业学习相关的问题,通过理论研究,找出问题产生的原因,理论指导实践进行真实课题的研究,并撰写研究论文,培养学生的创新能力。对于第三条反馈,实习指导教师以及实习单位相关实习主管应积极引导和激励学生的工作热情,同时还要做到奖惩分明,及时发现问题,尽早解决问题。同时,重视班干部和实习积极分子在实习工作中的榜样作用和信息纽带作用,充分发挥学生的主观能动性。

结　语

北京联合大学旅游学院旅游英语系通过校企合作,建立了较为完善的实践教学体系,提高了应用型创新人才的培养质量。实习单位以高校作为人才培养基地培养和选拔高质量人才,降低了培养成本。英语专业学生提前了解了职业岗位需求,增强了实践综合能力,提高了职业素养和就业竞争力。高校、企业和学生实现了共赢。

参考文献

[1]国家中长期教育改革和发展规划纲要工作小组办公室.国家中长期教育改革和发展规划纲要[N].人民日报,2010-03-01(05).

[2]中华人民共和国教育部.教育部关于进一步深化本科教学改革全面提高教学质量的若干意见(教高〔2007〕2号)

[3]中华人民共和国国家旅游局."十三五"旅游人才发展规划纲要 旅办发〔2017〕177号[BE/OL].(2017-07-03)[2019-03-06]. http://www.cnta.gov.cn/zdgz/lyrc/201707/t20170703_830373.shtml.

[4]蔡志奇,黄晓珩.构建多层次全方位校企合作的实践教学体系[J].实验室研究与探索,2013,32(6):359-362.

[5] 李文, 黄文, 尹向东, 等. 校、企、生"三赢"的产学研合作机制探索与实践 [J]. 实验室研究与探索, 2015, 34 (3): 240-242.

[6] 徐银香. 高校应用型创新人才培养中企业的功能探究 [J]. 教育理论与实践, 2012, 32 (9): 21-23.

[7] 肖志涛, 吴骏, 郭翠娟, 李贺, 王雯. 基于SWOT分析的电子信息类本科专业校企合作实践教学模式研究 [J]. 实验室研究与探索, 2017, 36 (11): 225-228.

[8] 张今朝, 朱海燕, 胡红生. 校企深度合作的实践教学基地构建与研究 [J]. 实验室研究与探索, 2015, 34 (5): 172-176.

[9] 邱秀伟, 刘闯. 普通高等院校校企合作的SWOT——AHP策略分析 [J]. 聊城大学学报 (自然科学版), 2015, 28 (3): 76, 80.

[10] 马亢, 施传信, 裴冬丽. 基于层次分析法校企共建实验室SWOT定量分析 [J]. 实验室研究与探索, 2016, 35 (8): 241-245.

[11] 朱燕红, 刘建斌, 谢海斌, 徐昕. 基于SWOT浅析高校研究生实践教学基地建设 [J]. 实验室研究与探索, 2017, 36 (8): 247-250.

作者简介：杨昆，北京联合大学旅游学院旅游英语系专业课讲师，主要从事旅游英语和商务英语方向的专门用途英语（ESP）教学和研究，以及旅游社管理、景区讲解导游服务人才培养。公开出版作品多部，其中《旅游服务英语》被评为北京市精品教材。参与北京市文化和旅游局牵头的行业标准的制定和编写，主持和参与北京市文化和旅游委的多项科研课题研究，还参与了北京市导游员证书考试用书编写、考试命题、口试评审等工作。

计算机专业师范生教育实习问题分析及改进策略研究

张银霞　张瀚

摘　要：教育实习在师范生的大学生涯中至关重要，有助于其获得实践性教学技能，增强其未来的职业技能。近年来，我校师范学院的教育实习根据专业定位要求和人才需求，大部分被安排到小学进行，面对小学的基础教育和当前的课程体系结构分布，计算机专业的教育实习遇到了特有问题，既给学院的专业实习工作安排带来了不便，也影响到了实习生的实习效果。本文针对北京联合大学师范学院计算机专业师范生在小学教育实习时遇到的一些典型问题从实习单位、实习生、指导教师等方面进行了总结，分析了问题存在的原因，基于现实环境、心理因素、专业素养等方面给出了切实可行的改进策略，希望能为计算机专业师范生的教育实习的组织和实施提供更多的借鉴方案。

关键词：师范生　实习问题　改进策略　研究

引　言

教育实习是师范专业课程设置不可或缺的一部分。在教育实习中，学生直接参与到实际的课堂和教学管理活动中，获取实践性教学技能，提高其教师专业素养和职业自信，是师范生从学校走向工作岗位，获取一线教学经验，提高其从师能力和职业素养的一项重要实践活动。近年来，我校师范学院的教育实习根据专业定位要求和人才需求，大部分都被安排到小学进行，计算机专业的师范生也是这些实习大军的一部分。然而对于计算机专业来说，在教育实习中却有其独特的问题。

一、计算机专业教育实习中存在的问题及分析

（一）实习环境和专业不匹配、对口专业实习岗位少

① 在中小学教育中，与计算机专业对口的岗位是信息技术教师，然而这个岗位在中小学的配比中占据较少的份额，整个学校只有几名甚至仅有1名信息技术教师，这样在面对每届有七八十人的计算机专业实习生来说，比例是失调的，再加上有的学校甚至没有信息技术教师岗位实习的需求，这就导致很多计算机专业的学生在实习时，找不到对口的实习岗位，只能哪里有岗位就去哪里，导致不能将所学的专业特长发挥出来，这是目前计算机专业教育实习面临的比较突出的问题。

② 很多中小学校对信息技术现状课程仍然不太重视，任课教师的专业素养不太高，甚至有些学校都没有正规的信息技术教师，要么由其他课程老师兼任要么由有点计算机水平的技术人员培训上岗，这样的师资力量会导致学生在实习中遇到优秀指导教师的概率较少，也将影响实习教师职业素质的培养。

（二）实习中看不到教育实习的意义，自我提高意识不强

① 很多实习生对教育实习能给自己带来的价值认识不足，认为教育实习和其他理论课程一样是门课程，参加教育实习仅仅是为了获取学分，是学校安排的就去照做，对于教育实习本身的作用和能给自己带来什么样的实际帮助，认识不足，因而主观能动性也不高，属被动参与。

② 计算机专业的实习生如果找不到和专业对口的教育实习岗位，就会被安排到别的学科完成教育实习任务，这样他们就会认为不被重视；在非专业学科实习，很多东西不熟悉，也会影响到他们的实习积极性。

因此，部分实习生到了实习学校，老师让干什么就干什么，没有用心去观察身边老师在教学活动中的言行举止，也不去主动思考应对教学中遇到的问题，备课马马虎虎，教学活动设计不够精心，再加上目前大多中小

学对信息技术老师的专业素养要求相对较低[1]，当实习生遇到水平一般的指导教师，实习热情和态度就会发生变化，甚至对实习产生困惑，觉得没有什么可学的。

（三）教育教学理论与实习需求匹配存在不足，缺乏专项教学技能训练

① 我校师范学院计算机专业的定位很长一段时间主要是培养职业教育师资，实习的学校一般是职业高中。职业高中的教育教学方法和小学是有区别的，相应的培养计划方案虽然已经与时俱进地进行了调整，但是毕竟相关的教学配套机制还没有完全跟上，教学经验还在积累阶段，尚不成熟，学生对中小学教育的教学方法教学要求了解还不多，这也对实习效果有所影响。实习生中，有部分参加了高参小活动，经常参与到小学课外课的教学活动中，这些实习生的表现较好。

② 中小学信息技术教学内容变化较快[2]，偏重应用软件的使用较多，而当前大多数高等师范院校的计算机专业要完成计算机科学与技术专业学科大类规定的专业课程，这些课程更偏向专业理论和技术方面，相对于中小学信息技术课程的要求相对高深一些，这也使得学生较难把握自身专业性质，多追求计算机专业高深技术的学习和探讨，轻视应用软件的熟练使用，甚至觉得太简单，不是计算机专业学生应该学习的。

③ 另外，在实习学校的实习岗位上会因为信息技术课程岗位较少，而被安排到其他学科进行实习的实习生，面对陌生的学科和教学技能，更是一筹莫展，也无从提前下手准备，因为实习内容是被随机安排的。

（四）指导教师作用发挥不充分，部分教师的指导技能有待加强

有部分指导教师由于忙于教学科研工作，对教育实习的重视度不够，学科教学论、教育理论与教育实践的专业知识储备不足，长期脱离基础教育一线，不了解基础教育改革发展趋势[3]，不利于教育实习的指导。对教育实习的指导流于形式，停留在经验性指导的层面上，不能从教育教学理论的高度把握问题，或者只是起到管理督促的作用，给不出专业性的指导意见，做不好心理疏导，激发不了学生的主动性。

（五）实习中实际上台讲课的机会少，实际经验积累不足

我校师范学院计算机专业教育实习的时间是 8 周，一般来说，第一周是安排听课和熟悉环境，最后一周是实习总结和经验交流，而实习生实际进入课堂实施教学或者进入班级管理时长有限。另外，很多实习被当作"临时帮忙"，因此，很多实习生的实习体验就沦落到只是帮助老师批改作业、盯课外活动等需要花时间和力气的活，实际上台讲课的机会少，有的学校在实习期间可以给一次实际上课的机会，有的一次都不给，只是让实习生在教室旁听任课教师授课，以至于他们不能获取在实践中的亲身感受，不能完整进行备课、讲课，不能总结站在讲台上教授的过程，获取到的实际效果大打折扣。

二、计算机专业教育实习问题的改进策略

（一）积极寻找对口专业的实习学校，精心分类，使有限资源得到高效利用

为解决计算机教育实习专业对口问题，除了应该在社会层面呼吁各层对中小学信息技术课程的重视，注重培养和提高现代信息技术教师的素质外，还应该立足现状，找到一些切实可行的办法来解决，如：

1. 抓好实习地点的选择，针对每个学生的不同需求，为其指派合适的实习学校

在选择实习地点时，学院要深入了解实习单位的情况，提前了解符合专业对口的岗位有多少，实习岗位对实习生的要求有哪些，根据搜集到的情况，将实习岗位分类，再对实习生对专业对口的意愿或者未来职业规划进行搜集归类，再根据岗位需求和学生既有的能力，进行匹配分配。这样既能满足实习单位的实际需求，也能调动学生对教育实习的兴趣，取得效率最大化，不但保证了实习生实习效果的最佳化，还能解决实习单位的实际需求，有利于长期合作关系的培养。

2. 对于专业不对口的实习岗位，也不要轻言放弃，可以因材施教

基于中小学目前的师资情况来看，语文、数学、英语老师还是占主要比例，根据往届毕业生的就业情况来看，有不少计算机专业的师范生在工作时被要求去负责语、数、英的教学工作，那么在计算机专业教育实习时，对于不能提供专业对口的实习单位，也不要拒之门外，毕竟寻找实习单位，也是一件不太容易的事情。这种情况下，可以将未来希望从事语、数、英教学工作的实习生分配到对应的实习单位进行实习，既能解决实习岗位紧缺问题，又能更好地因材施教。

3. 鼓励学生施展个人能动性，自己寻找适合的专业岗位

仅仅依靠学院召集的实习单位还是不够的，还可以将寻找实习单位的权利放给实习生，实习生可以根据其实习意向和人脉关系，找到合适的见习岗位。这种情况下，我系负责计算机专业教育实习工作的相关负责人，可以对学生提供的实习岗位及单位进行深入调查、了解核实，确定符合要求后，就可以同意实习生的实习岗位请求。只是，在教育实习开始执行后，相关的指导教师要特别注意及时跟进此类实习生的教育实习状况。

（二）多宣传多强化，增强实习生对教育实习作用的认同感，变被动为主动

1. 要让学生意识到教育实习对他们的意义

教育实习在师范生的大学教育生涯中至关重要，是为他们提供实践的舞台，使师范生在实际的教学一线，参与课堂教学及教学管理活动，通过短期内的一系列教育实践活动，锻炼其将大学所学的专业知识、教育教学理论付诸实际，获得实践性教学技能，让他们去练习、反思和提高，增强其未来从事教师工作的教育教学能力，为其将来跨入工作岗位做准备。

2. 请实习学校的教师讲解当前中小学教学技能的要求，为其树立实习目标

为使实习生切身感受到教育实习的实际作用，可以在教育实习动员大会上，请合作学校的专任教师就目前中小学各科对教学技能的要求，进行专题讲座，并播放一些优秀讲师的授课视频、教学活动视频、集体备课视

频等各类教学视频，让学生在进入实习学校之前，都为自己制定切实可行的教育实习目标，增强其在教育实习中的自我提高意识。

3. 请往届的优秀实习生做报告，为其树立榜样力量

从实习生的角度出发看教育实习，也可以在教育实习动员大会上，请往届的教育实习做得好的毕业生来做专题报告，讲讲自己在教育实习中如何自我要求，如何完成教育实习中的各项活动安排，如何和指导教师、班级学生相处等具体问题，使准实习生们在思想中对教育实习活动的印象更加具体，并以学长为榜样，严格要求自己。

在执行时，如果本人无法到现场，也可以播放视频录像；同时，在教育实习中，也可要求指导教师发现比较优秀的案例，注意留下视频录像资料，丰富教育实习动员的教育资料。

（三）基于基础教育一线实际加快教育教学课程改革，加强专项技能训练

教育教学的任课教师要关注基础教育教学改革，深入调查小学课程一线教学的实际情况，多对实习学校进行走访调研，观摩中小学的优秀教师课程，和有经验的班主任交流工作经验，走进中小学课堂进行实际观察，通过这些方式，获取切合实际的鲜活的教学材料和案例，用于自己的教育教学改革创新，加快和实习学校的实际需求并轨，这样才能使自己的课程更好地服务于教育实习。

另外，在完成专业指导方案中规定的计算机专业课程的内容和难度外，也要基于小学信息技术课程的需求，安排一些竞赛类、前沿类的应用软件的使用专题讲座或者培训，以适应教育实习或未来工作岗位的应用需求。

（四）以充抵继续教育学时的形式鼓励教师参与到提高指导能力的学习中来

① 协调、沟通、组织能力。我系实习指导教师是实习生、实习学校及其指导教师、院系实习相关部门管理人员间的桥梁，要协调和沟通各项事务。因此，我系相关指导教师要有较好的协调往来、组织交际能力[3]，如果这方面能力不足，就需要在人际关系学和人力资源管理学等方面加强学习

和提高。

② 教育实践、教育理论、学科教学水平。我系实习指导教师需要指导实习生授课思路、授课方法、班主任活动方案[4]，这就需要加强教育实践、教育理论、学科教学论的学习，尤其是基于基础教育一线，研究小学课堂教育教学方法，用科学的理论给予实习生更为精准的专业指导[3]。

（五）指导教师要多和实习学校保持良好沟通交流

指导教师在学生实习期间，要注意把握几个关键点，对做好和实习学校及相关教师间的沟通，会起到事半功倍的效果：

① 实习生进校时，要注意向实习学校的相关管理人员介绍实习生的情况，便于为他们合理分配指导教师。

② 在实习生和课程指导教师见面后，要主动介绍实习生的情况，便于对实习生获得有效指导，为上好第一节课做准备。在第一节课后，还要与课程指导教师沟通，便于对实习生出现的问题跟进矫正[5]。经常保持和课程指导教师间的沟通，可以及时发现问题，也可以调动其积极性，为实习生争取更多的试讲机会。

③ 和班主任也要保持积极沟通，同时也要督促实习生主动协助班主任工作，有利于实习生获取更多的独立主持集体活动的机会，锻炼其组织管理能力。

参考文献

[1]陈建云.刍议中小学信息技术教育发展现状及相关对策[J].科教导刊：电子版（上旬）.2013（3）.

[2]许成高.浅谈中小学信息技术课教师的特殊责任[J].科学导报.2014（8）.

[3]赵长慧.论高等院校教育实习指导教师的基本素质与能力[J].郧阳师范高等专科学校学报.2013（4）.

[4]尤秋琴.高师院校生物专业教育实习状况分析及对策研究[D].曲

阜：曲阜师范大学，2014.

[5] 王永超，阎俊虎. 教育实习中指导教师的指导和协调作用 [J]. 广东技术师范学院学报.2003（2）.

第一作者简介：张银霞，1979 年 6 月出生，河南省人，讲师，计算机专任教师，从事计算机网络及计算机教育方向研究，公开发表过多篇教育教学实践类文章。

英语教育实习问题及对策

顾亮和

摘　要：英语教育教学实习是英语专业师范生一项重要的在校教学实践活动，也是大学英语教学过程中的一个重要环节。实习期间的整体表现，对学生未来的从业认识和能力认识起着至关重要的影响。笔者结合多次带队实习情况和对相关老师与学生的访谈，对实习过程出现的问题进行分析，并提出建议和对策。

关键词：英语教育实习　实践能力　问题　对策

教育实习是英语专业师范生一项重要的在校教学实践活动，也是大学英语教学过程中的一个重要环节。从某种意义上说，师范生的教育实习是从学生身份转为社会工作者的第一步，也是学生经过了几年在校学习后自身各方面综合能力的充分表现。实习期间的整体表现，对学生未来的从业认识和能力认识都有着至关重要的影响。通过八周左右的教育实习，能够了解未来从事教学岗位的实际情况，初步掌握中小学教育和教学工作的规律，培养独立从事教育教学工作的能力，为成长为教、学、研综合型教师打下良好基础。笔者通过带队实习以及与老师和实习学生的交流发现，大多数的实习生都能取得较大收获和进步，但也会因一些影响制约因素而未能取得预期效果。

一、影响实习效果的因素

1. 带队实习指导教师

英语专业实习学生一般由英语系任课老师带队，与实习学校联系安排实习岗位、实习内容，并给予跟踪指导和评价。实习学校也会分配相应指导老师，具体指导备课等情况。按照规定，带队实习指导教师每周需要去学校检查相关工作，进行听课、向实习学校领导和老师咨询情况、与实习生谈话了解情况等。然而，这些带队教师本来就承担着繁重的授课任务，需要参加各种会议，有的还担任班主任，定期前往实习学校调研情况，需要占用额外的精力和路途等时间。来回奔波的辛苦可能影响带队老师的积极性，有的教师疲于应付，只能走过场，达不到有效管理和指导实习工作的效果。

2. 实习课堂表现情况

笔者调研发现，实习学生通过专业课程教学，专业理念、专业知识和专业能力能够满足课堂教学的基本要求，但基本功不扎实的弱点也会突显出来。部分实习生在语音、语调方面受母语的影响，口语表达不够标准、不够流畅，上讲台后更加明显，甚至发生低级语法错误；有的板书不工整、有拼写错误；有的讲课时用词单调、讲课乏味，对常用的教师用语不太熟练，无法准确点评和纠正学生所犯语言错误，只会不断地说"good"或"very good"来对学生的回答做评价。另一方面，课前准备不足也是常见问题，有的照搬照抄前人教案，自己的理解不深不细，而备课指导流于形式，没有详细提醒纠错；有的学生对文章的重点和难点设定不是很明确和到位，对课堂时间掌控不好，对突发情况没有预案，发生问题难以从容应对。有的学生对实习工作不重视，上课缺乏激情，声音不够洪亮，难以吸引学生的注意，个别实习学生即使面对教室后面一排的听课老师也无法抖擞精神。有的不注意仪表，穿衣随便，站姿很差，随便往学生的桌边一靠，甚至晃起腿来。

3. 课堂机会不足问题

一般实习时间为 8 周，虽然很多院校在实习动员大会上明确要求，实习生至少要完成 6 个学时的授课，但实际用在课堂讲课锻炼的时间并不长。据反映，很多学校在第一周先安排实习生熟悉校园环境，跟着教学指导老师了解班级情况，往往再担任一个班的实习班主任，协助组织校内外各项活动，比如参观故宫、完成学校升旗仪式等活动。平时除了去听课外，绝大部分时间是在办公室备课，或者帮助老师批阅作业。这种情况一般持续一个月左右，教学指导老师才会安排实习学生上几节英语课。有的教学指导老师并未对实习生持完全信任的态度，他们认为实习生授课水平有限，无法准确掌控课程进度，经常不会让学生上足规定的课时，更多安排听课、批改作业以及负责管理班级的一些具体事务。在最后一周的实习时间，学生主要就是在办公室忙于整理修改备课内容，以及对实习做总结。很多学生觉得时间过得特别快，刚刚开始适应从学生到老师的角色转换，却发现实习期已经到尾声了。有的实习生反映，没有太多走上讲台的机会，就难以很快适应从学生到老师角色的转换，也谈不上对教师职业有深刻的认识和全面的了解。

二、建议措施

1. 调整带队指导老师的课程安排，给予一定的报酬补贴

带队指导老师在学生实习过程中起着不可忽视的作用。如果能充分调动带队指导老师的积极性，让他们既起到带队的作用，又能对学生的上课环节起到指导的作用，这在一定程度上可以弥补中小学指派的指导老师疏于指导而产生的问题，也有利于学生的实习工作顺利开展，为后面的实习生的输送做下良好的铺垫。事实上，很多带队指导老师在院的授课时间早已经超过了学院的规定，除了实际工作量的计算按有关学院文件执行外，还可以给予他们一定的生活补助和课时费，并按实际到实习学校的天数计算，审批报销从单位到实习点的往返交通差旅费、通信费等。学院可以多考虑一些课时较少的年轻老师带队实习，有利于培养稳定的指导老师队伍，让他们真正起到桥梁作用。

2. 延长实习时间，安排"实践性教学月"

实习学校通常会有固定的计划安排，派出实习生的院校不便过多干涉，但可以适当延长实习时间来增加锻炼机会，例如由8周增加到10周。我院实习期为每年的10月至11月，12月学生回校复课后也没有多少课程，如果适当延长他们的实习时间，对第二学期的面试、试讲更能发挥作用。另外，大三时已经开设了学科教学论、教学设计与教学技能、优秀教师教学

案例分析、教师职业技能训练、教育见习、教育实习课程，讲授了先进的教学理念、基础知识和基本技能。9月份的基础课程学习可以取消，改为"教学实践月"，主要围绕学生的讲台授课技能展开，由任课老师定期组织教学试讲活动，每个学生都要站到讲台上，老师、同学给予点评建议。任课老师不仅指导备课内容形式，还要对学生的仪表、手势、板书、语速等严加指导。通过1个月的实习准备期强化训练，反复练习实践，不断改进提高，学生定能有深切的体会和进步，真正走上实习讲台时更具信心、更有经验。

"实践性教学月"不是对日常教学中课堂实践的重复。虽然课堂上也有学生试讲环节，但次数和机会有限，因为学生众多，老师要完成教学大纲中的理论讲解等任务。学院也举办过"未来教师职业技能大赛"这类的课堂试讲活动，今后可以定期举办，并邀请有经验的中小学教师当场指导点评、当场做示范，进行成果交流，观摩听课，指导学生找到自己的薄弱环节并及时纠正。

3. 加强基本技能训练

加强英语专业学生的基本技能训练，是本科阶段英语教学的根本和出路。具有扎实过硬的语言基本功，才能在实习中体现英语专业学生的特色和优势。但基本功问题要从源头抓起，重在日常教学中的具体措施，在英语教学设计、教学实施、课堂管理等教学专业能力上都要加强培养。例如，选取的教材要适合教学对象水平特点，题材广泛，内容经典，语言深邃，保留原汁原味特点，学生站在讲台上时可以直接使用、引用；重视英语专业基础阶段的语音教学，加大师资力量，尽量小班授课，对学生出现的问题及时纠正；开展各种兴趣活动，举办英语演讲比赛、粉笔字比赛、英语角等。

三、结语

教育实习是学校教学计划的重要组成部分，是实现人才培养目标、培养学生实践能力和创新精神的重要环节。学生如果在实习学校表现不佳，不仅影响自己在实习学校的就业机会，还会影响到后面学弟学妹们的实习途径和就业机会，也关系到社会对院校师资培养质量的认可。因此，要鼓励学生将在校期间学到的先进教育教学理论知识、学科知识综合运用到实习实践中，不断积累教育教学经验，以便毕业后顺利地从事中小学教育工作。

参考文献

[1]黄兆信.高师实习生实习角色的转变［J］.教育发展研究，2006（6）.

[2]王文静.关于我国高师教育实习的理性思考［J］.高等师范教育研究，2001（5）.

[3]许高厚.教育实习［M］.北京：人民教育出版社，2001.

作者简介：顾亮和，女，硕士研究生，英文系讲师。教学教改项目骨干，发表教学实践类论文十余篇。近年来指导多届英语专业师范生毕业实践活动。

应用型本科通信工程专业技术体系与实践平台建设

李克　薛永毅　赵亦松

摘　要：探讨通信工程专业如何按照城市型、应用型本科人才培养的要求，建立以技术应用为核心的培养模式。研究如何建设实践教学体系、实践平台和较为完善的学习效果评价体系，达到培养学生的专业素质与技术应用能力的目标。

关键词：通信工程　技术体系　实践平台　建设

北京联合大学智慧城市学院通信工程专业在2004年成为北京市品牌建设专业，2008年成为北京市高等学校特色专业建设点。随着ICT（信息与通信技术）产业特别是移动通信技术、移动互联网、物联网、大数据技术的迅猛发展和广泛应用，在专业定位、培养目标、教学体系、考核评价方法上进行了新的探讨和研究，把知识和技术应用能力培养作为人才培养的核心内容，实践教学作为应用性人才培养的重要手段。

一、以技术体系为核心的培养模式

本专业定位于应用型本科，本着"宽基础、精专业"的原则，以技术应用为特色，培养的学生应具有较强的通信系统应用技术，通信软件开发技术，通信网络设计、管理和维护技术等方面的应用能力，能在通信和移动互联网产业的相关设备研发和运营类企业一线从事产品开发、制造、测试、应用、运营，从事通信和信息系统以及通信网络维护、管理与开发等工作。

在以技术体系为核心的培养模式中,结合近年来的通信与信息产业的行业发展趋势以及人才需求,不再强调课程为核心,通信工程本科专业确定了应用技术体系教学结构(如图1所示)。每一个技术体系中,包含若干子体系,作为学生的专业方向,这样可以使学生能够根据自身特点选择相应的应用技术体系,从不同的专业方向毕业,同时也为企业提供了有针对性的应用型人才。

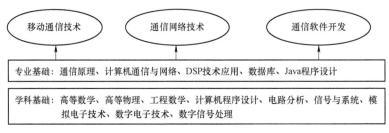

图1 通信工程教学体系结构

通信工程技术体系的内涵和课程群设计如下:

① 移动通信技术——包括移动网络结构设计技术、移动终端结构设计技术、移动网络协议应用技术、移动接入技术。根据目前行业所需人才的技术要求并结合联合大学的办学特点,我们移动通信技术的核心是移动接入技术、移动终端设计与应用技术。培养移动通信技术人才知识结构的课程群如图2所示。

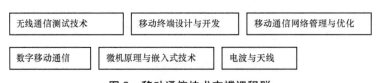

图2 移动通信技术支撑课程群

② 通信网络技术——包括通信网络结构技术、通信协议应用技术、交换技术、接入技术。这是我院的一个传统专业领域,并与企业有着较广泛的联系,可以为学生提供技术应用的完整环境。培养通信网络技术人才知识结构的课程群如图3所示。

图 3　通信网络技术支撑课程群

③ 通信软件开发技术——包括数据库设计与应用、Java 程序设计、C++ 程序设计、移动应用开发、Web 技术及应用、数据结构、微型计算机原理、软件工程。同时还配套开设了相关的实训/实践课程：移动应用开发实践、Java 程序设计实践、数据库课程设计、软件工程实践、Web 技术及应用课程设计、C++程序设计实践。并在后续的培养方案修订过程中陆续增加大数据开发与应用的相关课程。培养通信软件开发技术人才知识结构的课程群如图 4 所示。

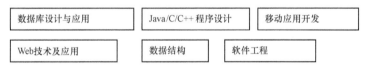

图 4　通信软件开发技术支撑课程群

二、技术能力培养与实践教学平台

本专业的技术素质和基本能力划分为专业核心与专业方向两个部分，学生须具有专业核心技术素质和相关的能力，同时，根据所选择的专业方向，应当具有所选方向的基本技术素质和相关能力。专业核心技术素质包括通信系统原理、通信电子技术、信息与通信网络、接入技术、软件开发、信息安全、嵌入式等知识。基本能力体现在：

① 工程系统观察与分析。

② 工程系统电路分析与设计。

③ 信息网络观察与分析。

④ 通信工程参数分析。

⑤ 工程仿真观察与分析。

专业方向基本技术素质包括各专业方向的基本技术课程。其基本能力如下：

① 网络分析与测试。
② 工程网络逻辑结构设计。
③ 物理结构设计。
④ 通信软件体系结构设计。
⑤ 终端设备应用设计。
⑥ 通信电路分析与设计。

专业技术能力的培养分为三个技术层次：认知实践层、技术学习层、应用设计层。

① 认知实践层：通过实践活动认知通信工程相关的基本学科技术，本层次以焊接工艺和基本工程软件编制为目标。通过本层次的学习，学生初步具备工程技术的基本概念和焊接、器件识别的基本能力。

② 技术学习层：通过实践对所学专业的理论知识和基本技术进行应用，通过应用掌握相关学科理论与技术，培养基本的学科素质。本层次的培养以相关技术应用为核心目标，帮助达到掌握基本工程软件、PCB 板设计的应用技术。通过本层次的学习，学生初步具备基本工程概念应用和系统与电路分析观察测试的能力。

③ 应用设计层：结合专业技术和方向技术的学习，进行以技术应用为主的素质培养，使学生能够在前两层的基础上，独立完成相关的应用设计任务，包括设备开发、维护和应用软件设计。通过本层次的学习，学生初步具备工程系统应用设计流程设计的能力。

近年来北京市和学校投入数千万元资金，建设了数字信号处理（DSP）、光纤通信、嵌入式系统、IC 设计、网络集成、软件工程和数字化技术等一系列具有先进水平的实验室，如图 5 所示，为培养通信与信息工程领域的高级工程技术人才提供了良好的实验和研究环境。

三、建立较为完善的学习效果评价体系

本专业在理论教学和实践教学方面做了大量的改革尝试。首先，在专业建设和教学改革方面，以通信行业和通信岗位的核心技术为基础和出发点，整合课程体系和强化实践教学环节，改变考核评价方式，建立基于过

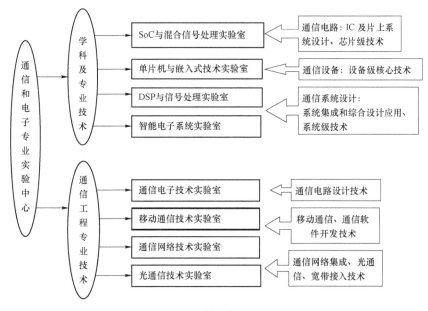

图 5 实验教学平台

程的教学与考核体系，改变以往以考试成绩为评定教学水平的做法，强化基于过程的教学方法，根据核心技术的基础、特征和发展规律，制定基于过程的教学方式和考核办法，使得学生每一步学习，都有明确的、可以达到的目标，在教师的引导下，经过努力既达到预定目标，又有前进方向，同时每个进步对学生来说都是惊喜，逐渐建立学习兴趣，化被动为主动，取得较好的学习效果和进步。我们基于过程的考核与评价方式，采用了如下做法：

1. 用课程考试来对学生基本知识学习进行评价

在过去，学科基础课程与专业核心课程的学习成绩主要是通过期末卷面考试来决定，就是所谓"一卷评价"，学生往往通过死记硬背知识点来取得好成绩，没有真正理解理论知识的含义和应用方法，同时也限制了学生创新能力的培养。这几年我们逐渐在学科基础课程和专业核心课程中开展评价方法的探索，研究合理的、科学的考核方式，改进考试评价标准，使考试与学习全过程有机地联系起来。根据当前社会对人才的需求，在考试内容的选择上应坚持以发展能力为主，培养和考查创新精神、综合素质。

鼓励老师在考试形式、命题和评分标准方面进行新的尝试。例如："电路分析"课程,老师在第一堂课就给学生提出可供研究、分析、设计、仿真的小课题和小项目,鼓励学生思考,写出研究论文或设计报告,期末进行答辩,并较大比例地计入学生成绩。

2. 用实验设计和技术训练的成绩作为对专业技术学习的基本评价

鼓励学生参加全国和北京市大学生电子设计竞赛、蓝桥杯、计算机应用大赛、企业产品设计比赛等专门的科技竞赛活动,由于这些竞赛的题目反映了当前电子技术前端核心技术和高等院校教学水平。学生参加竞赛的踊跃程度、获奖比例,直接反映了日常教学水平与成果,间接地反映了理论与实践教学体系,理论与实践教学过程与水平,社会、企业对学生的评价与认可,是对学生专业技术能力最好的评价。

目前实践教学本身还存在评价不科学的问题。以理论学习成绩为主的人才培养考核评价体系在我国沿用已久,而独立的实践教学考核体系目前尚未建立或健全,不能对学生的实践能力做出公正而又科学的评价。实验环节主要停留在理论知识的验证上,实际上是理论教学的一种延续。所以我们专业首先从实验设计的题目、内容入手,使实践内容"真题"化,评价考核"企业化"。用行业标准、企业产品要求、市场需求等几个方面考核学生的实验设计成果。

3. 用毕业设计成绩作为对学生专业学习的综合评价

毕业设计是培养学生综合运用本专业基础理论、基本知识和基本技能分析解决实际问题能力的一个重要环节。它是本专业各个先修教学环节的继续深化和检验。利用校企合作的基地使学生在实际的通信工程项目运作中,充分利用所学的专业知识,理论联系实际,独立开展工作,从而使学生具备从事通信技术工作的实际能力。通过毕业设计完成对学生综合运用所学理论知识、专业技术应用能力、专业素质、职业操守等全方位的整体评价,企业指导老师也要参与到学生的毕业设计质量评价中。

4. 用学生就业方向作为专业教学体系的评价

由于我校学生 90%以上选择的是大学毕业后直接就业,学生的就业能力、就业方向是专业教学体系的重要考核指标。本专业常年跟踪学生的就业方向，并直接参与学生的就业指导工作，通过对就业反馈信息的研究，掌握当前就业市场的人才需求走向，及时调整教学计划和教学内容。并针对目前大学毕业生就业的新形势，提出了大力培养大学生的工程设计能力、深化实践教学改革、构建分层次的工程设计培养方案、提高就业层次和就业率的培养目标。

四、结论

应用型本科教学体系中，实践环节占了很大比重，实践并不是简单验证学习的理论知识，而是要通过实践培养专业素质和专业技术应用能力。专业技术应用能力要贯穿专业基础和技术课程中，并在实践教学环节中强化训练，在课程设计和毕业设计等环节中产品化、工程化、真题化。实践教学平台建设是实现应用型本科教育的关键。

第一作者简介：李克，博士，教授，硕士生导师。北京联合大学智慧城市学院通信工程专业负责人。具有十余年丰富的移动通信和移动互联网产业从业经验，全面参与了 3G/4G 移动通信系统的标准化和产业化工作。在信号与信息处理、无线通信、大数据等方面具有丰富的研究经历，在国内外学术刊物上累计发表 50 余篇学术论文，其中 SCI 检索 10 篇，并拥有 30 余项国内和国际授权发明专利。近年主持和参与了多项国家和省部级科研项目，包括北京市科技计划专项、国家科技重大专项、军委科技委国防科技创新特区项目等。目前主要研究方向：移动大数据、移动网络智能运维、新一代移动通信关键技术等。

基于城市型、应用型艺术学院建设的传统工艺美术人才培养模式创新实践探究

刘红英

摘　要：党的十九大报告指出，推动中华优秀传统文化创造性转化、创新性发展。在非物质文化遗产保护政策广泛实施，政府重新恢复重视工艺美术行业，传统工艺行业向市场化、产业化发展的新形势下，只有完整的人才培养体系才能满足传统工艺行业发展的需求。本文结合实践从六方面对地方高等艺术院校创新传统工艺美术人才培养进行了探讨：以提高传统工艺美术专业的社会认知度促进招生；以人才培养为目标设置传统工艺美术专业；结合地域文化，合理优化课程设置；开展校企合作，定向培养传统工艺美术人才，缓解就业压力；加强校内外实训基地建设，促进传统工艺美术人才技能提升；以工艺美术大师为核心，促进传统手工艺与现代艺术交融，培育行业精英。

关键词：城市型　应用型　传统工艺美术　人才培养模式　创新实践探究

2016 年 12 月 10 日，首届城市型、应用型大学建设论坛在北京联合大学举行，北京联合大学党委书记韩宪洲阐述了"城市型、应用型"是对应用型发展模式在传承基础上进行的更深入的探究和拓展，丰富了应用型大学建设的内涵。并指出"城市型、应用型是北京联合大学在执着建设应用型大学的道路上，对应用型发展模式的又一次创新探索，既需要以改革创新精神不断推进、加强实践，也需要及时总结经验，全面把握和运用地方

大学应用型发展模式的新规律，不断提高应用型大学建设的新水平"。"服务经济社会发展始终是高等教育的核心使命，城市发展的新形势也要求高校提供更高质量的人才支撑"。教育部高教司理工处调研员侯永峰建议，普通高校要拓展现有专业的内涵，增设一批主动适应地方经济结构调整和新产业、新业态、新技术发展的新专业，提高应用型本科特色专业的集中度，促进人才培养类型结构调整，着力培养高素质的应用型、技术型创新创业人才。2017年6月30日，北京联合大学艺术学院主办的首届"城市型、应用型艺术学院发展论坛"召开，本次论坛是国内首次定位于艺术院校的城市型、应用型论坛，为推进综合性大学艺术学院建设，为各学院、校企之间合作与交流提供了良好的平台。来自北京、上海、广州、贵州、福建、台湾等10余个省市的高校、科研院所、企业代表近150人参加了本次论坛活动。

随着国家非物质文化遗产保护政策广泛实施，近年来各级地方政府高度重视传统工艺的传承和发展，相关行业也积极探索其产业化发展道路。随着传统工艺行业向市场化、产业化发展，传统的人才培养方式已不能满足市场的需求。传统工艺美术的传承、发展、产业化，人才是关键。在此新形势下，只有完整的人才培养体系才能满足传统工艺行业发展的需求。而推进城市型、应用型艺术学院的建设，须牢牢把握面向城市、面向地方这一根本定位，地方高等艺术院校对接产业、服务社会经济发展的特点，使高等艺术院校在工艺美术人才培养方面具备较大的优势。高等艺术院校应以政府高度重视传统工艺美术传承、发展为契机，改革、创新工艺美术人才培养模式，提高工艺美术人才培养质量。

一、提高传统工艺美术专业的社会认知度，促进招生

虽然传统工艺美术代表了地区、民俗的形象，已经受到国家的高度关注，但从专业招生角度看，目前的影响力仍不足。许多年轻人对传统工艺缺乏了解，缺乏亲身体验的机会，这样无疑会限制年轻人投身传统工艺行业。学生及家长对该专业的认知较少，因此报读该专业的学生也会相对较少。

要提高传统工艺美术专业的社会认知度，宣传传统工艺文化就显得尤为重要，在宣传的过程中让民众深入了解传统工艺，同时增强民众对传统文化的价值认同。可以利用广播、电视、网络等媒体传播民间传统文化的基本知识，也可以通过展览、比赛等形式展现传统文化魅力。由于行业、个别企业力量有限，这些宣传活动就需要政府、行业协会、社会各界的支持和帮助。北京联合大学艺术学院通过主办"工艺美术与设计创新论坛"、承办"非遗时尚创意设计大赛"等活动大力宣传北京传统手工艺，努力提高工艺美术专业的影响力和认知度。

二、以人才培养为目标设置传统工艺美术专业

人才对传统工艺美术的传承具有重要作用，因此，在专业设置时，高等艺术院校应以人才培养为目标。创新传统工艺美术人才培养，就是既要掌握老艺人传承下来的精湛技艺，又要具有全面的艺术修养，能创造出具有时代气息的传世精品。

传统工艺美术较现代艺术设计专业门类更多，分类也更细，因此在专业设置方面应考虑两个因素：一是地方因素。应从传承、发展地方传统工艺美术技艺、服务地方传统工艺美术产业入手，开展具有地方特色的传统工艺美术教育。二是准确定位人才培养目标。我们培养的学生专业技艺既不能过于单一也不能贪大求全，既要考虑学生就业的"零距离"需要，也要考虑学生在专业方面的持续发展。为加强对北京传统工艺美术人才的培养，北京联合大学艺术学院于2017年开设了工艺美术专业。

三、结合地域文化，合理优化课程设置

高等艺术院校是人才培养和创新的基地，同时也是保护和推广优秀传统手工艺的重要场所。学校应根据社会需求，设立传统工艺美术人才培养课程，推广和传承民族传统手工艺文化，在提升学生人文素质的同时，也提升他们的竞争力，使民族手工业的文化价值得以传播延伸。

课程设置应具有科学性，避免盲目性。在高校开设有关课程时应该注意结合地方特色和优势。除了设置艺术设计专业基础课和技能课，还要充

分考虑与文化结合，与传统相融。由于现代数码设计的发展，学生对电脑制作特效更感兴趣，需要引导指向传统手工艺，在课程设置和人才培养上做出改进。在教学模式改革过程中，要结合传统工艺大师的优秀特点，寻找不同工艺制作的方法。改革教学内容设置，在教材编写和开发过程中要确保教材的实用性，并挖掘民间传统工艺技艺。课程体系建设与培养民间传统工艺人才密切相关，结合民间传统工艺的传承特点，建设符合民间传统工艺人才培养要求的课程体系。

任何作品只有在具有文化内涵的时候，才有自身的特色和价值，艺术创作的手工艺应是饱含不同情感温度的，追求浸润着深厚文化底蕴的传统技艺。高等艺术院校应鼓励传统工艺品的再加工，结合市场需求进行创新。北京联合大学艺术学院利用自身专业优势，与圆明园、颐和园签约合作，开发"文创产品"，服务北京旅游文化，提升人才培养质量。

四、开展校企合作，定向培养传统工艺美术人才，缓解就业压力

校企合作对高等艺术院校学生的实践能力培养有着深远影响，尤其是在传统工艺美术专业建设进程中，校企合作对该专业的发展起到决定性作用。学校不仅要大力建设传统工艺美术专业，还需要更多企业的认可和支持。如果高等艺术院校加强了传统工艺美术人才的培养，但培养的人才不能充分发挥其价值，也会影响到传统工艺美术专业的建设。就目前而言，各大院校还未能培养出具有专业传统工艺技能的师资力量，因此只有积极开展院校与企业间的合作，才能为院校提供更多的传统工艺美术专业师资。

积极开展校企合作，创新定向人才培养计划不仅可以培养学生的创造力，还可以为学生的就业另辟蹊径。近年来大学生就业难已经成为一个社会问题，但具备传统工艺知识和技艺的学生却供不应求。让传统手工艺进入学校，传授相关技艺，使具备相关理论知识的学生参与其中，一方面培养兴趣与人才，另一方面为使理论知识应用于实践，学生层面也可以利用其理论知识使传统手工艺多元化发展。北京联合大学艺术学院通过与甘肃陇南文县签署校地战略合作协议，促进对文县特有的白马藏族工艺美术视

觉艺术的研究及白马藏族传统工艺美术人才的培养。

五、加强校内外实训基地建设，促进传统工艺美术人才技能提升

为了提升传统工艺美术人才技能，让学生在校内、校外都能进行高品质的实践训练，高等艺术院校必须加大训练室建设，保证硬件配置到位。为了实现校内实训基地工厂化、仿真化，让学生在一个真实的职业环境下，按照未来就业的职业岗位群对基本技术技能的要求，进行实际操作训练和综合素质的培养。通过产学合作、校企合作的方式，不断改善实训基地条件，积极探索校内生产性实训基地建设，满足教学的要求。并通过走访相关行业、企业，积极建设校外实训基地，开展学生顶岗实习。通过校内外实训基地的建设，形成校内外融通、开放共享度高的实训实习体系。

2017年5月17日，北京联合大学艺术学院与河北定兴燕都刺绣工艺品制造有限公司合作签约，这将有利于拓展京冀校地合作的广度与深度，发挥高校在人才培养、创意研发方面的优势，服务河北地方文创创意产业发展；同时，有助于依托定兴县悠久的历史文化资源，建立学生校外实训基地，提高学生的综合实践能力。

六、以工艺美术大师为核心，促进传统手工艺与现代艺术交融，培育行业精英

随着传统工艺市场化的发展，为了培养新一代大师，就需要当代的大师广收徒弟，传承绝技，其实这也是大师传承文化的责任。以工艺美术大师为核心，培育行业精英。高等艺术院校可特聘一部分工艺美术大师为学生进行授课、讲座，促进传统工艺文化的普及，吸引学子关注并产生兴趣。建立工艺美术大师与学生交流互动的平台。依据传统工艺的特点，建立大师工艺工作室，甄选富有潜质的学生进入大师工作室，由大师指导进行深入学习，学生在大师工作室学习的最低目标为毕业前获得工艺美术从业资格或工艺美术师资格；借鉴师徒制，推荐优秀学子成为工艺美术大师学徒，注重收徒仪式等。2017年3月10日，为更好地保护传统文化资源，让北京

濒危传统手工艺顺利传承，培养传统手工艺人才，"携手大师，传承匠心"，北京文化艺术基金"北京濒危手工艺传承人才培养"项目在北京联合大学艺术学院顺利启动，该项目通过"双选会"甄选出学员，为北京内画鼻烟壶、北京刻瓷、泥塑彩绘脸谱等6个濒危手工艺项目向社会招募和培养传承志愿者，2017年6月5日，开班仪式在北京联合大学艺术学院顺利举行。

随着传统工艺的市场化、产业化发展，传统手工艺需要与现代艺术互助交融，才能创造出具有时代气息的传统工艺精品。让手工艺大师和艺术家走进课堂，与艺术专业学生进行近距离接触，老师可以向学生传播传统工艺文化和设计理念，也有利于学生深入了解传统手工艺，同时也可以为传统手工艺的长足发展创造空间。而学生也可为传统手工艺注入新鲜血液，把流行时尚和现实趣味带进传统手工艺中，与时代同步。传统手工艺与现代艺术相结合，运用实验性手法进行二者的交互融合，这样可以让学生体验不同的教学方式和教学体系及理念，在更全面、更系统地掌握专业知识的同时，将传统与时尚紧密结合，创造出更加具有时代感的传统工艺品。

结　语

在非物质文化遗产保护政策广泛实施，政府重新恢复重视工艺美术行业，传统工艺行业向市场化、产业化发展的新形势下，传统的人才培养方式已不能满足市场的需求，只有完整的人才培养体系才能满足传统工艺行业发展的需求。地方高等艺术院校对接产业、服务社会经济发展的特点，使地方高等艺术院校在传统工艺美术人才培养方面具备较大的优势。地方高等艺术院校应抓住当今社会高度重视传统工艺美术传承、发展，加快传统工艺美术产业化发展这一机遇，把传统工艺美术人才培养提升到学院专业特色建设的高度，创新传统工艺美术人才培养模式，并尝试从以下六方面展开实践探索：提高传统工艺美术专业的社会认知度，促进招生；以人才培养为目标设置传统工艺美术专业；结合地域文化，合理优化课程设置；开展校企合作，定向培养传统工艺美术人才，缓解就业压力；加强校内外实训基地建设，促进传统工艺美术人才技能提升；以工艺美术大师为核心，促进传统手工艺与现代艺术交融，培育行业精英。城市型、应用型艺术学院的建设应增强社会责任感,承担起发展区域文化的历史使命,发挥文化传承、文化创新的职能。

参考文献

[1] 龚勤茵. 对传统工艺美术保护和发展的思考[J]. 浙江工艺美术,2002(2).

[2] 蒋瑛. 传统工艺美术人才的培养[J]. 浙江工艺美术,2003(3).

[3] 陈晓华：北京市传统工艺美术艺术硕士培养探析[J]. 艺术设计研究. 2013(3):107-111.

[4] 陆远. 新形势下民间传统手工艺的发展[J]. 情感读本(中旬刊),2015(5).

[5] 韩宪洲. 城市型、应用型大学建设的理论与实践探析[J]. 北京联合大学学报,2017(1).

作者简介：刘红英,1977年12月出生,籍贯四川,就职于北京联合大学艺术学院,助理研究员。主要从事教育管理专业研究,近5年共发表论文5篇、核心论文1篇,参与完成委办局课题2项,校级教研2项。

基于开放实践教学提升学生专业能力

宋静华

摘　要：当前我国经济发展迅速，产业结构趋于细化，社会对人才的需求也在改变，多角度的人才需求也反映到了高校学生培养中。高校教学体系中实践教学对于培养学生动手能力和创新能力有着不可替代的作用，本文仅从自身从事实践教学与管理角度来阐述开放实践教学对于培养学生专业能力的重要作用。

关键词：开放实践教学　提升专业能力　教学改革　虚拟教学平台　产学研结合

一、专业能力与开放实践教学

专业能力是学生在毕业后能够具备的获得并持续从事职业工作的能力。学生要能将掌握的专业知识和技能应用到工作中解决实际的问题。这主要取决于学生自身拥有的知识与技能，也决定了学生对工作岗位的适应能力。目前影响学生就业的专业能力主要是实践能力。

随着产业分工的变化，中国的高等教育正发生着深刻的变化，很多地方已经开始实施以社会需求为导向的教育教学改革，提高人才培养与社会发展的吻合度，优化人才培养模式。对于高校而言，要培养学生的专业能力就需要加大投入力度，加快教学改革，将实施开放实践教学融入其中。

开放实践教学是在传统实践教学的基础上，以学科知识为载体，通过为学生提供一个有利于自主学习的教学环境，让学生有充分的学习和发挥潜力的空间，培养学生的工程实践能力和创新就业能力。

二、开放实践教学对人才培养的作用

专业课程设置及结构布局是否合理,直接影响着高校的人才培养格局和办学水平。高校专业设置基础宽泛,培养的学生具有一定的专业深度,但是学生毕业后所从事的岗位会有较多的从事技术操作性的工作,企业在招聘过程中也希望毕业生能够以最快的速度适应工作需要,这就要求高校在开设专业课程时设置较多的实践课程。

近年来我们学校越来越重视实践教学的作用,相应地在本科教学计划中不断提高实践教学在整个教学体系中的比例,教学内容强调理论性与应用性课程的有机结合。但是要想真正能够使学生零适应期就业,教学体系内的实践课程安排是不能满足需要的,此时开放实践教学就发挥了作用。

三、通过开放实践教学提升学生专业能力

采用开放实践教学是对正常教学计划的有力补充,开放实践教学不仅仅是实验室环境方面的开放,还包括校内外其他的与学生专业实践能力提升相关的人力、环境及资源的开放与共享。

(一)实践教学的类型

专业实践教学体系包括课内实验、综合设计型实验以及毕业设计、科研、竞赛等实践活动,可以在多方面为学生提供参与实践的机会,对学生综合能力的培养有极大的帮助作用。

1. 教学计划内的实践课程

教学计划中常规的课内实验主要是基础验证性实验,既包括基础型课内实验,又包括综合设计型实验。

基础型实验主要面向低年级学生,指在课内时间完成教学计划中的实验项目,或者利用课余时间和实验室配置的资源完成课上未完成的实验内容,熟悉本专业知识在实践过程中的应用。综合设计性实验主要面向高年级学生,是在完成课内实践教学内容基础上,通过学生自己设计方案并解决具体问题,培养学生综合运用学科知识的技能。

2. 研究创新型实验

课内实验能够按照教学大纲的要求完成对学生基本技能的培养，但是对于能力较强的学生，基础知识无法满足他们的需求，基于这种情况就可以考虑增加研究创新型实验。研究创新型实验主要培养学生的创新思维和团队意识，指导教师根据实验室资源配置的特点，定期拟定一定类型的实验课题。学生可根据自己的兴趣和未来发展，结合国家大学生创新性竞赛、全国大学生启明星竞赛等科技活动，选择课题方向并实施，学生也可以从中获取更多的收获，培养更好的创新思维和团队意识。研究创新型实验可以通过学校实验室开放的形式开展，也可以通过校外基地实现产学研结合来开展。

（二）开放实践教学提升学生专业能力的途径

1. 鼓励学生参与科研项目

在开放实践教学与管理的过程中，对于能力较强的学生，创新型实验对他们来说更能体现他们的价值，学校可以出资鼓励学生利用实验室参与各种竞技比赛，申请各级各类的研究项目，如国家级、校级、学院级别的创新型项目。学生参加项目的成绩可以作为独立置换学分计入学生成绩，或者作为实践性课程学分，或者作为创新学分计入成绩。对表现突出的或具有独创性成果的学生，经指导教师的推荐，可优先评选奖学金。

学生参与科研项目从一开始就要把控项目的选题和规划，教师了解学生已有的基础知识、学习水平以及兴趣爱好，并根据其分析设计能力，结合不同等级的竞赛为学生提供项目参考，也可以引导学生自主设计题目。学生在整个项目过程中始终会得到教师的指导，教师主要是帮助解决疑难问题，并适当提供一些参考资料和方向性的建议，并在项目完成过程中开展学术研讨活动，渗透团队合作能力。

在项目结束后，对每个小组进行科学及客观的评价。针对小组中每个成员所完成的工作与要求是否一致，项目整体效果是否达到预期目标，团队是否具有合作精神，完成过程中分析问题、解决问题的能力是否有提高做出评定。

2. 建设虚拟仿真实验平台

普通高校普遍存在着实践教学资源不足或者设备落后的问题，而解决这个问题除了可以通过校企合作实现，还有一种方式就是建设虚拟仿真实验平台。随着虚拟实验技术的成熟，人们开始逐渐意识到虚拟仿真实验在教学中的应用价值，它不仅可以模拟真实场景的实验项目，解决学校在实验设备上的困难，也可以辅助教师的科研工作。

虚拟仿真实验平台是综合运用虚拟现实技术、分布式交互仿真技术构建的三维虚拟仿真场景，最大限度地在计算机上建立一套与真实操作环境一致的逼真实验环境。虚拟实践教学平台的开发可以由校企合作完成，结合企业实际岗位工作需求，使学生通过人机交互方式进行各种操作实验和实训，了解行业企业的生产水平、生产的环境与工艺设备等。

虚拟仿真实验平台的另一个优势是可以存储大量的有关数据，可以灵活设置实验、实训及考核项目，单人项目或分组项目，记录学生在操作过程中的各种动态数据，便于分阶段教学与改革考核方式。

3. 通过毕业设计环节培养学生的创新能力

毕业设计是与其他教学环节不同的综合性的实践教学环节，既能全面检查学生基础理论掌握的情况、技能的熟练程度及分析问题和解决问题的能力，又能培养和锻炼学生的实际工作能力。在毕业设计中学生从选题到完成是可以与实际工作相结合的过程，学生能到企业实习，能接触到学科最新的研究方向和课题项目。科研能力强的学生还可以利用教师的项目优势开展研究工作，做出科研成果，拓宽自己的专业知识面和就业领域，提升自身的创新能力。

4. 加强校企结合、建设产学研基地

创新型人才培养不仅仅是高校的工作，也需要企业和社会的积极配合。在创新型人才培养的过程中，通过校内开放实验室具备的人力和设备资源完成的项目成果是有限的，这与学校自身具备的资源储备不足以及设施相对陈旧相关。而行业企业的运作环境更真实，拥有大量的设施、人员、案例等各类显性资源，以及流程、管理方法等隐性资源。产学研结合的立体化实验共享平台，可从深度和广度上扩展实验室的内涵，建立多层次的教学体系和高质量的实践平台，推动科研成果转化与推广。

校外实习基地不仅能够为学生实践能力的培养提供技术保障，使学生的实验实训课程更贴近实际，而且也为教师提供了提升自身能力的条件，为后续设置开展实践教学课程奠定了基础。校企资源互用可以将企业实战型的理念引入教学中，解决实验室资源配备方面存在的资金和技术不足问题。企业长期运作积累的大量数据，为开展实证研究提供了帮助。企业全过程的流程展示，可以弥补实验室选取典型环节进行展示的不足。

5. 多元化评价方式

社会对人才的需求是多样的，高等教育培养出来的人也是多层次的，那么对于学生的就业能力评价也要多元化。学生在学校接受的教育能否适应工作岗位的要求，可以通过多方面反映出来。

课程考核方式是根据教学大纲中的教学目的和要求制定的，考试评价在教学工作中起着非常重要的作用，也是教学中考查学生学习效果的最直接的方式。随着课程体系与教学模式的改革，相应的考核方式也随着产生变化，可以将专业实践能力评价作为实践课教学成果的一部分，体现综合实践课程的特色。在综合实践课程中，教学内容以动手操作和设计为主，相应的考核也不再按照传统试卷方式进行。可以采取现场操作方式考核学生基本实践技能，采取项目方案答辩的方式来考核学生的应用和设计能力。

此外，还可以引入第三方评价方式，部分在用人单位实习的学生可以由单位对学生实际工作能力进行认定，企业的负责人通过一段时间的具体工作，对学生做出客观公正的评价，教师再根据实际情况给出综合考评成绩。

还有就是对已就业的学生进行调研，通过学生的自身感受来对学校的课程设置和实际工作岗位要求进行对比，找出需要改进的地方，再将这些反馈到后续教学中，以适应社会发展及需要；反馈到后续学生的思想中，使学生从新的角度看待专业学习，改变他们的思维模式，激发他们的学习兴趣。

6. 培养双师型教师

创新型人才的培养对教师也提出了更高的要求，教师不但要具有较高的学科专业理论和知识,而且还应具备丰富的实践经验及动手操作的能力。积极开展校企合作,通过减免工作量的方式让更多的专业教师能够到企业一线去,了解企业情况,参加设计、生产与管理工作,学习工程化项目的设计与执行能力,全面提升教师的知识与技能素质。同时,还应把教师的实践成果作为其工作量的一部分,包括取得的各类成绩、发表的科研论文、申请的国家专利、创新人才培养效果等,以提高他们的积极性。

结 论

学生专业能力的培养依托于实践教学,应用型高校应通过对实践教学的不断改革与探索,优化课程设置,增加开放实践教学,更新实验平台,结合校企合作,使培养出来的毕业生能够满足职业需求,在自己的工作岗位上发挥更大的作用。

参考文献

[1]周诗彪,等.创建开放式实践教学环境促进应用型创新人才培养[J].广州化工,2014(3).

[2]张奎,等.新形势下高校实验室开放管理模式探索与实践[J].考试周刊,2017(10).

[3]孙军英,齐树一.开放实验室——高校创新型人才培养的有效途径[J].时代教育,2015(4).

[4]张影微,等.开放实践教学改革与创新人才培养的研究[J].科教文汇,2017(10).

作者简介:宋静华,北京联合大学城市轨道交通与物流学院讲师,从事实践教学;研究方向:电气工程;主要教学科研成果:参与多项不同级别的科研及教研课题,发表教改论文多篇。

校内外声乐实践教学资源共享机制研究

吕勇

摘　要：声乐实践教学是学生巩固声乐理论知识和加深对理论认知的有效途径，是培养具有创新意识的高素质人才的重要环节，也是理论联系实际、培养学生掌握科学发声方法和提高声乐技能与舞台表演能力的重要平台。所以这就需要我们把"以校外为基点，以促进声乐教师专业发展为宗旨，以提高教学质量为目标"作为教研思路，积极发挥声乐教师对声乐实践教学活动的指导作用，并根据形势的发展不断提高自身的指导能力，以充分发挥当代声乐教师新的作用。因此，校内外声乐实践教学活动强化了对大学生艺术教育现状的整体研究和艺术教育规律更深入的探讨，以发挥校内外声乐实践教学在实施大学本科生素质教育中的重要作用，实现校内外声乐实践教学资源共享。由于声乐实践教学本身的复杂性，仍有许多问题没有得到根本上的解决，特别是20世纪90年代末开始的高等教育大规模扩招，使我们的校内外声乐实践教学又遇到了新的问题。在这一背景下，本文在原有基础上对尚未解决的问题将做进一步的探索、研究，并力图找到解决对策，对"校内外声乐实践教学资源共享机制"进行了分析与研究。

关键词：校内外声乐实践　资源共享　机制研究

中共中央《关于深化文化体制改革推动社会主义文化大发展大繁荣若干问题的决定》，把"建设宏大文化人才队伍，为社会主义文化大发展大繁荣提供有力人才支撑"作为重要任务，作为建设社会主义文化强国的关键环节。教育部《关于全面提高高等教育质量的若干意见》中，也从"促进高校办出特色""创新人才培养模式""强化育人环节"及"加强创新创业教育和就业指导服务"等方面对高校创新型人才培养提出了新的和更高的要求。因此，为适应文化大发展大繁荣对高素质艺术人才特别是创新型艺术人才的要求和需要，实现校内外声乐实践教学资源共享，对大学生艺术素质教育与人才培养将起到重要作用。

一、校内外声乐实践的内涵及作用

校内外声乐实践是学生巩固声乐理论知识和加深对理论认知的有效途径，是培养具有创新意识的高素质人才的重要环节，也是理论联系实际、培养学生掌握科学发声方法和提高声乐技能与舞台表演能力的重要平台。所以这就需要我们把"以校外为基点，以促进声乐教师专业发展为宗旨，以提高教师教学质量和学生实践、应用能力"作为研究目标和教研思路，积极发挥声乐教师对声乐实践活动的指导作用，并根据形势的发展不断提高自身的指导能力，以充分发挥当代声乐教师新的作用。因此，校内外声乐实践活动中必须强化对大学生艺术教育现状的整体研究以及对艺术教育规律的深入探讨，以发挥校外声乐实践在实施大学生艺术素质教育与人才培养方面的重要作用。

近年来，声乐实践作为一门独立形态的课程，是国家规定、地方管理、校本开发的自主型课程，倡导在教师的指导、协助下，学生自主进行校外学习与实践的活动。声乐实践强调学生通过实践，增强对声乐理论与技能的掌握、探究和创新意识，学习科学研究的方法，提高综合运用专业知识的能力。

声乐实践以排练、演出活动为主要开展形式，强调学生的亲身经历，要求学生积极参与到各项活动中去（包括高雅艺术观摩、活动策划探讨、参观考察学习、信息交流沟通等），在"排练""演出""观摩""学习""交流""思考""探究"等活动中发现和解决问题、体验生活，培养实践能力。但因其资源匮乏与实践场地受限、师生投入精力较大等诸多困难与阻碍，校内外，尤其是校外声乐实践活动更不容易开展。这就意味着要具有开发课程的能力，具有广博深厚的文化、艺术素养，且具有高度责任心和教育素质，社会关系与活动能力较强的教师。而教师专业知识的缺乏、教学资源的不足是声乐实践活动所面临的一大难题。只有注重开发课程资源，实现校企资源共享，才能真正意义上保证学生声乐实践的顺利进行。

二、校内外声乐实践的现状分析

针对声乐艺术专业，国家教委 025 号文件及高教局 032 号文件都明确指出："艺术实践是普及、提高艺术教育的有效形式。"实践证明，艺术实践的目的不仅仅在于促进教学，重要的是使更多的学生有机会接受较系统、较全面的舞台表演与演唱训练，提高学生的艺术鉴赏能力与全面素质。近年来高校艺术教育有了较大的发展，出现了一些可喜的现象，但是目前仍处于起步阶段，艺术教育在高校整个教育体系中仍是个十分薄弱的环节，长期地忽视艺术教育给高校教育带来许多不良的后果，不利于校园文化的建设。而且，由于师资问题，如缺乏有实践指导经验的教师及相关培训，使得校内外声乐实践在较长一段时间内不能顺利进行。所以我们应重视艺术教育与校内外声乐实践，配备教学与实践指导经验丰富的教师，并为学生创造、提供一些良好的校外实践场所。

目前，校企合作处于民间状态，尽管国家已制定了相关政策来支持校企合作，但没有真正的法律、法规保障措施，学校主动，然而往往企业被动。因此，国家应尽快制定相关法律，并切实抓好法规文件的执行，以促进校企合作与校外声乐实践活动的良性发展，实现资源共享。校内外声乐实践在实际操作过程中受时间、财力等条件限制，因此要从本校实际情况出发，立足社会需要，把实践活动与学生的舞台演唱结合起来，从而使实践活动更具生命力。

三、校企合作为创新艺术人才培养提供了平台

① 校企合作是一种注重人才培养质量，注重学生在校学习与企业实践，注重学校与企业资源、信息共享的"双赢"模式。校企合作可以更好地培养学生的职业道德，对培养学生的组织纪律观念、规范的职业行为、认真的工作态度、有序协作的团队精神和乐观向上的生活态度也有极大的

帮助。许多学生通过实践后，演唱水平、欣赏水平、审美能力等都有了不同程度的提高。例如：学生们在中国交响乐团、中国歌剧舞剧院等多家国家文艺团体进行校外声乐实践教学活动，可以增长见识，积累舞台演唱经验。通过观摩、合唱排练、正式演出等活动，可以强化他们的声乐专业技能，锻炼能力、提升素质。结合他们的专业实际走出课堂、走出校门，走进企业、行业和农村，在实践中检验专业能力，丰富演出经验。同时，学校让合作企业优先挑选、录用在实践中表现出色的学生，使企业降低了招聘方面的成本和风险。

② 校内外声乐实践是一项长期、系统的工程，我们要不断发挥综合院校优势，不断创新实践的内容和形式，适应知识经济迅速发展的要求，不断深化社会实践的成果，提升社会实践的育人作用；还要不断探索市场介入的有效途径，拓宽实践的活动渠道。只有这样，实践才能受到社会的关注，充满生机。同时，实践应与素质教育相结合来开展，使素质教育的思想贯穿实践与人才培养的始终。学校通过要求学生进行校外声乐实践来促进教育与社会实际的紧密结合，改变以往高等教育只重课堂教学、书本知识，忽视创新精神和实践能力培养的现象。高校应在素质教育理念的指导下组织开展实践活动，培养学生的实际工作能力和创新精神。现代科学技术已成为生产力发展的基础和生产力的决定因素，高校具有人才和科研的巨大优势，是我国科学技术发展的一支重要力量。学生们走向社会，走向舞台，通过不断丰富校外声乐实践活动的形式、内容、方法和手段，注意在求新、求活、求实上下功夫；通过不断地丰富、补充新内容，使实践活动更好地体现时代特色，更有针对性。

③ 校内外声乐实践只有通过向专业团体的歌唱家学习、请教、交流、沟通等才能真正达到专业提高的目的。学生们走出去，歌唱家请进来，学生们接触和吸收了新事物，通过实践学到书本上没有的知识，既增长了见识，又增长了实践演唱能力、丰富了生活阅历，这将是学生们一生当中一笔最为宝贵的财富。实践是艺术的来源，也是检验艺术水平的唯一标尺，使学生提高了综合素质和演唱能力，逐步了解了社会，开阔了视野，增长了才干；使学生找到了声乐理论与实践的最佳结合点，在实践当中，检验

了自己的综合素质和专业水平。

结 语

实践出真知。作为大学生要想成为新形势下的高端人才，实现习近平总书记提出的"中国梦"，必须鼓励他们跨出校门，走向社会，把自己所学的理论知识应用于实践，从实践中不断摸索、创新，从而提高自身分析、解决问题的能力。走向社会，参加艺术实践，旨在最大限度地发挥高校培养艺术人才方面的优势，对高端艺术人才进行特殊培养，为高素质文化艺术人才队伍培养质量优良的后备力量。学校应组织学生积极开展校内外声乐艺术实践，提升学生的创新精神和创新能力。对有创新及创业热情的学生个人和团队，应给予相应的资金和政策扶持，鼓励他们勇于探索和积极奋进，以此促进拔尖创新人才脱颖而出，使艺术人才培养工作呈现出多种渠道、多种手段和多种角度协同发展的态势。

作者简介：吕勇，就职于北京联合大学师范学院艺术教育系，声乐教研室主任，副教授。

城市型、应用型大学体验式学习与专业启蒙课程改革与实践

章学静　吴晶晶

摘　要：课程改革从我校城市型、应用型的办学理念出发，以专业感知与实践课程为例，采用体验式和任务驱动式教学方法，突破性引入"动手—动脑—动腿"的三动式学习新方式，将教学场合不再局限于教室里，而是采用"实验室—市场—企业"三位一体的学习方法，让学生充分认识专业启蒙课程设置的目的和意义，培养学生对专业的深刻认知并提高他们的学习兴趣。

关键词：城市型　应用型　体验式学习　专业启蒙教育　改革实践

引　言

城市型、应用型理念的落地关键是要有与之相适应的学科和专业作为支撑[1]，因此在具有联大办学特色的专业建设过程中，将此理念渗透到每一门课程的设计中并与之相呼应显得尤为重要。

专业感知与实践课程是电子工程系第一学期开设的重要的专业基础课，为提高低年级学生对专业的认识，激发学生对专业学习的兴趣而设，以"感知专业、立足实践"为目标。国内高校把专业感知与实践课程作为一门专业启蒙课程来开设的较少。为培养低年级的实践能力，很多高校开展了相关教学研究[2,3,4]，这些研究主要集中在以下方面：一是在入门实验教学方法上进行改革探索，提出了任务驱动、案例驱动、项目驱动的实验教学模式；二是介绍专业基础课程的实验教学改革；三是建议应该从低年级

开始，培养学生的创新意识、创新能力，这是实验教学改革与实践的出发点与落脚点。总而言之，从城市型、应用型人才培养模式出发，全面系统介绍专业启蒙课程"专业感知"研究的较少。

课程组教师通过多年教学实践发现，大学一年级学生由于对专业了解不深入，在专业基础课的学习中存在诸多问题[5,6]，例如：学习目的不明确，无法理解所学的基础知识与电子专业发展的联系，学习积极性不高，就业方向模糊等。"专业感知"课程正是为解决以上问题而开设，并以城市型、应用型的办学理念为出发点和落脚点，结合体验式学习，挖掘培养学生的学习兴趣，体会专业知识与实际应用的密切联系，是一门具有我校办学特色的从兴趣到专业的"导入式"课程。

一、教学模式设计

课程在专业启蒙的同时，更加注重专业兴趣的引导、实际专业能力培养，注重实践教学的创新性。课程紧扣城市型、应用型办学理念，并结合我校的培养目标和实施条件，将教学内容分为课堂学习[7]、社会调研、企业参观三部分，三者的时空属性关系如图1所示。课程共计48学时，其中28学时为课堂学习，主要在学校实验室进行；10学时社会调研，学生自主利用课外时间，实地考察调研完成；10学时企业参观，

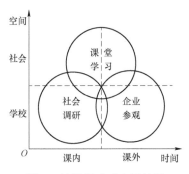

图 1　教学模式时空属性图

主要通过校企合作，教师组织学生课外完成。课程创新性地进行了三种模式的结合：

① "体验式"学习与任务驱动法相结合。
② 专业启蒙教育与应用型创新培养相结合。
③ 课堂学习、社会调研与企业参观三种教学模式相结合。

二、教学内容设计

（一）把握教学要求，明确课堂学习目标

课堂学习部分包括前沿技术学习、焊接与实验技术学习以及单片机体验与学习。其中，前沿技术学习模仿央视节目"开讲啦"，邀请电子、微电子、航空航天方面的知名专家到课堂里为学生介绍电子技术在国家高新技术领域的应用，比如载人航天、智能机器人与深度学习、无人驾驶等，让学生了解本专业最新的技术及发展前景，提高专业知识的新鲜度和广度。值得一提的是，无论哪个领域的应用，教师需对讲座的内容非常熟悉，并在开讲之前列出 3~5 个问题，让学生带着问题听讲，之后进行提问和交流，可大大提高学生的专注度和课堂效果。

焊接与实验技术学习是在详细讲解并演示焊接的技术要点和注意事项后，让学生从易到难焊接几个简单但功能完整的电路，如图 2、图 3 所示，真实体验电子工程师的基本技能，同时学会使用常用的实验仪器进行基本物理量的测量。练习中力求工整的电路设计、布线，和反复枯燥的焊接、调试、测量等操作，旨在培养他们踏实、细致的工科精神和严谨的科学素养。在多年的教学过程中，课题组老师将历届设计布线好的高年级同学的电子设计作品保存下来，在课堂上给入门新生做零距离观摩学习使用。

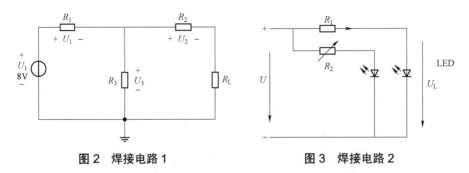

图 2　焊接电路 1　　　　　　图 3　焊接电路 2

单片机体验与学习则是将单片机的内容划分为 6 个模块，采用任务驱动和小组划分的方式，让学生去体验单片机简单的声、光、计时等控制功

能。在教学内容设计上，采用阶梯式设计，灵活控制难度；因为太简单学生会低估专业的学习能力，滋生浮躁情绪；太高了容易打击学生的积极性，因此在学习内容选择上的原则是难易适中，多样化，趣味化，重点在于培养学生的兴趣。由于大多数学生没有接触过编程，任课教师给出一个具体实例，通过关键语句的改动，将运行结果演示给学生看，让学生在此基础上仿照进行编程，得到正确的结果；而对于编程能力较高的学生，则阶梯式增加题目的难度，并在成绩上有所体现。而且，为鼓励学生创新，任何形式的创新都会给予加分鼓励。总之，针对不同的学生类型，阶梯式灵活设计题目的难度，引领学生对专业的兴趣。具体内容设计见表1。

表1 单片机阶梯式内容设计

序号	时数	基本内容	阶梯式内容设计
1	6	实验系统及应用软件介绍	开发板介绍→应用软件使用→系统测试与联调
2	6	焊接技术	简单电路→复杂电路→简单系统→复杂系统
3	4	走马灯程序的下载与运行	"第3盏"灯亮→"奇数"盏灯亮→跑马灯→闪频可控跑马灯
4	4	数码管显示程序下载与运行	第N个数码管显示→数码管顺序显示控制→键控数码管显示
5	4	计时器程序下载与运行	简单中断控制设计→秒计时控制→秒、分、时计时控制
6	4	自选题程序的下载与运行	语音控制实验

（二）进行社会调研，拓展知识广度

有文章[1]曾指出："学校要求学院通过调查研究，选好所对接的主要产业，找准在相应产业链中的具体位置，把产业需求和自身能力结合起来。"因此，对焦产业需求、进行自身能力匹配是学生不可或缺的一种技能。与传统教学模式不同，本课程采用"走出去"策略，把社会变成了学习的"大课堂"。当然这并不是让学生漫无目的地去社会上寻找与专业相关的事物，而是给出具体明确的调研任务、调研时间及地点和调研报告的要求等细节。如常用实验元器件的调研，让学生以小组为单位到中关村中电子批发商城进行实地调研，调研任务给出了详细的调研器件的型号、规格、特性等的要求；调研项目包括电阻、电容、电感、电源、单片机等器件的外观、性能指标、技术参数、选择依据、价格等，培养学生分析问题、解决问题的能力，真正让学生动手、动脑、动腿。学生调研回来后，对所见、所闻、所想，往往反映热烈。调研要求学生有实地考察的照片，结合网络查资料，完成调研报告。

（三）知名企业参观，明确就业方向

有文章[1]指出："要把办学思路真正转到服务京津冀经济社会发展上来，转到产教融合、校企合作上来，转到培养高素质应用型人才上来，转到增强学生就业创业能力上来。"而推进城市型、应用型人才培养的重要举措，就是密切产业行业企业联系，着力打造一院一特色。智慧城市学院一贯注重培养学生的实践能力，并结合自己的"城市"定位，通过多方面联系和手段，始终保持着与企业的良好合作与对接。大一新生往往对自己未来从事的工作同时充满好奇和困惑，进行知名企业参观则可以同时解决这两方面的问题。目前合作过的单位有联想（中国）有限责任公司、中科院微电子所、中科院计算所和某知名外企。课题组近年来一直与中科院计算技术研究所保持着密切合作关系，任课老师每年带领一年级新生参观他们的校史博物馆、实验室、工作站，了解最新技术。参观实践一般分为4个主题，涉及"龙芯"高性能计算芯片技术、生态物联网技术、智能机器人技术等，每个主题由两名专业的工作人员带队、讲解和答疑，方便学生深入了解专业知识。这一教学设计同时呼应了城市型和应用型的办学指导思想。

三、全方位考核环节改革

将考核分为三部分，分别是：

① 课堂学习部分：将前沿技术学习、焊接与实验技术学习以及单片机体验与学习进行综合，其中焊接和单片机部分要进行成品验收，检查作品

是否完成并达到技术要求。

② 社会调研：给出调研报告，内含创新加分部分。

③ 知名企业参观，教师带领学生全程参与，最后拍照留念，以照片上的学生为准进行考勤考核。最后加权综合上述三个成绩，评定课程设计总成绩：优、良、中、及格和不及格，或折算成相应的百分制成绩。

四、结束语

此教学模式已经在 2014 级、2015 级、2016 级新生中进行了试行和实践，学生普遍反映良好。许多学生大一就进入相应的兴趣社团，进行深入的专业学习。本课程是对学生进行电子信息工程专业感知、启蒙与兴趣培养的重要实践教学环节，对于后续全面、系统、深入地理解与掌握电子电路系统工程设计能力与设计方法具有重要的教学意义，也是一门具有我校特色的专业启蒙课程。

参考文献

［1］韩宪洲. 城市型、应用型大学建设的理论与实践探析［J］. 北京联合大学学报, 2017（1）: 1-5.

［2］王浩程, 冯志友, 王文涛. 基于工程创新教育的实践教学体系探索［J］. 实验室研究与探索. 2014（1）: 182-185.

［3］韦佳, 倪杰, 吴远征. 基于职业能力培养的应用型本科实践教学体系创建研究［J］. 实验技术与管理, 2015（3）: 207-210.

［4］王晓晔, 温显斌, 肖迎元. 物联网专业感知层课程群的建设［J］. 中国轻工教育, 2015（3）: 90-92.

［5］刘畅, 孙连英, 商新娜, 周海燕. 应用型大学"专业感知"课程教学研究与实践［J］. 北京联合大学学报（自然科学版）, 2012（2）: 71-73.

［6］李培根, 许晓东, 陈国松. 我国本科工程教育实践教学问题与原因探析［J］. 高等工程教育研究, 2012（3）: 1-6.

［7］文俊浩，徐玲，熊庆宇，陈蜀宇，柳玲. 渐进性阶梯式工程实践教学体系的构造［J］. 高等工程教育研究，2014（1）：159-162.

第一作者简介：章学静，1977年出生，女，山东德州人，北京联合大学智慧城市学院副教授，主要研究方向为数据融合、图像配准与雷达信号处理。

项目来源：JJ2016Y027 北京联合大学2016年教育教学研究与改革项目。

环境艺术设计专业"设计方法"教学改革研究

郑慧铭

摘　要：本文的研究围绕着环境艺术教育的发展现状进行分析，结合北京联合大学艺术学院的环境设计课程基于环境艺术的核心课程"设计方法"的教学改革及其教学实践，反思传统理论教学带有灌输性的教育方式，提出研讨教学、优化课堂教学、理论串联、案例分析和具体实施等方面的探索。归纳并指出在信息时代，如何以创新的思维方式为核心进行全面转型，包括教学目标、教学形式、教学内容、教学成果四个方面的内容。提出"设计方法"以理论为核心，建立"概述—理论—案例分析—总结"的框架。对理论的板块进行梳理，形成理论为主线的知识体系，实践反思、案例分析为特征的全新的教学方式。本文以培养学生的综合设计能力为目标，进行多种教学方式的探索，期待对环境艺术设计人才的培养起到推动作用。

关键词：环境艺术设计　设计方法　教学改革　研究

1. 新时期下设计方法课程教学的困惑

互联网的时代下，知识的获得变得容易、便捷和碎片化。在互联网信息化影响下，传统的教育面临如何看清形势、明确教学目标、组织教学和改变教学方式等转型瓶颈。文章基于北京联合大学环境艺术系"设计方法"课程的教学改革进行讨论，尝试对以上的问题进行更深入的思考。环境艺术是一门理论与实践密切联系的学科，在本科生开设的"设计方法"课程的教学过程中强调理论和实践相结合的教学。

环境艺术设计的方法长期以来借鉴建筑学工程实践的要求和解决现场问题能力的教学传统，是建筑学设计方法的延伸。设计方法课程是一门具有工科和文科两个学科特点，融合建筑学的设计方法与环境艺术的方法，具有鲜明的学科特色。随着学科的发展，"设计方法"作为联合大学设计学院教学体系中的必修课程之一，是环境艺术系学生的核心课程。作为理论课程，该课程以往采用讲授的方式进行教学组织，即任课老师根据不同的议题进行知识传授，学生以听课为主，学生以最终的课程问答题作为评定成绩的依据。据统计，讲座型的授课方式导致学生对理论课程失去学习热情。有的学生认为这样的教学方式缺乏互动，课程的设置和教学目标不明确。知识点的传授，使得教学未能达到预期目标。因此，教研室对传统的教学方式进行反思，得出传统的授课方式在互联网的信息时代中需要进行改革的结论。

（1）互联网时代知识获取方式的变化

传统的理论课程教学以灌输型的指导方式为主，学生学习是被动的单向过程。在互联网时代，专业知识可以轻松地从网络中获取。相比互联网获取的知识，传统教学方法单一，以理论教学为主，教材内容偏向理论，相对枯燥，学生容易产生厌学心理[1]。

在互联网时代下，学生习惯从网络和手机上进行阅读，虽说知识可以随时随地进行学习，但是阅读的时间零碎化、知识碎片化，很难形成整体的知识结构。传统的授课方式也面临一些挑战：其一，以输入式的教学很难引起学生的学习兴趣；其二，体系不强的课程很难构成完整的知识结构。因此互联网时代的教学应避免只重视理论和课堂讲授，要充分利用网络的资源，教育学生掌握学习方法，帮助学生提升自学能力。

（2）创新思维的引导培养

从环境艺术的专业特点看，社会的发展使得人们对环境的要求从美化环境向创造美好环境的质的转变[2]。据不完全统计，国内已有600多所院校开设相关课程，对目前的设计师教育需要冷静的思考。具备创新能力和系统知识结构成为环境艺术设计专业人才培养的重要任务。环境艺术专业"设计方法"是集中科学、艺术、技术和文化的综合课程。传统的教学中采用的是学生上课听讲，课后完成作业的方式，学生在这一过程中不一定有效地学习到了知识、掌握了知识在设计实践上的运用能力。从创新型人才的培养角度看，应着重考虑如何设计更有趣、更多互动的教学方式，激发学生的学习热情，鼓励学生增强自学能力，提升他们的创新水平。在培养学生创新思维方式的同时，强化学生的基础知识和相关能力。

环境艺术设计是建筑学的延伸，是与设计学交叉融合形成的综合学科，具有鲜明的学科特色，需进行不断探索，归纳经验，明确发展目标。只有形成创造性的思维方式和正确的学习方法，才能为学生将来可持续发展奠定良好的基础，使得学生适应不断发展变化的社会。

2. 批判性的主动学习

基于以上的分析，教学组开始对"设计方法"课程的教学目标进行界定，对教学内容、教学方式和考察成果进行重新调整，授课的核心转向帮助学生系统地梳理碎片化的信息和知识，使得他们构建一个比较完整的知识系统。其次，帮助学生理解批判性的思维，在学生认识和掌握初步的理论后，引导学生进行自主学习。如何在教学中寻找理论和实践的结合点，成为本文研究探讨的关键。

设计方法是针对环境设计专业的必修课程。设计方法课程旨在使学生了解中西方建筑的基本特征和建筑艺术处理特点，掌握建筑设计原理与方法，明确课程的人才培养目标，启发学生对设计的兴趣，并通过简单的设计、严格的基本训练，使学生初步掌握建筑的设计方法，培养学生关注社会发展，具有设计师的使命感和责任感，为今后环境艺术设计奠定基础。

（1）互相启发的研讨教学

在传统的教学方式下，学生被动学习，其主观能动性受到限制，对知识的探究比较少。教学中建议学生通过文献研究、实地考察、谈话、问卷等形式尽量收集相关的资料，发挥学生的主动性。通常，根据项目的实际情况，设计出灵活的调研手法，多视角了解问题，从而弥补常规调研方法的不足。整个调研阶段根据进度适度穿插小组与老师的对谈并对全班的调研成果进行展示。各个小组在设计的表达和陈述过程中，面对答疑，从新的角度进行思考，梳理想法，进而实现完善想法、深化对设计进行认知的目的。这样，在调研后期和设计初期，学生不是停留在表面现象，而是开始触及社会现象产生的原因，并有批评性的独立思考。教师引入设计考察调研、小组设计任务，让学生做汇报。学生完成相应的设计方案，通过效果图、幻灯演示，以单人汇报和小组汇报的形式向老师和同学们进行阐述，讲述自己的感受、设计灵感、设计风格、功能分区等，并回答教师和同学们提出的各种问题，讲解完由老师和其他小组进行打分。每个小组互相评定后，由老师进行最终的讲解和点评。这样互相启发的教学模式，让学生的学习从被动的方式转为积极主动，让学生参与到教学和实践活动中，培养了学生的团队协作精神和创新能力，学生间互相学习的主动性也得到了提高。

（2）教学形式和内容的更新

社会环境的转变对人们的空间环境的要求越来越高，工程项目也随之增多，对于设计师提出了高质量的要求。网络时代的背景下，学生获得的知识是多种多样的，但是这些知识基本上是碎片化的。在教学过程中应该注重教学的系统性，围绕教学的目标，构建紧凑的课程结构，突出教学的核心。在教学内容上，要根据社会的发展变化，强调循序渐进地向学生传授知识，扩展学生的知识广度和深度。应采取互动式的教学，如增加社会调查、项目参观、设计方案评析等教学方式，发挥学生的积极性，促进学生综合能力的提升。

在教学内容上，目前环境艺术专业的传统教材过于陈旧，不能及时反映新知识、新材料和新技术，与社会的实际不适应。教学内容还应注重教学与社会实践的有机结合，有针对性地选择社会实践课题内容，组织学生进行实践。在教学改革中应注重课堂教学与社会实践的相互联系，在课程教学中适当引入典型的社会实践案例，组织学生进行真题假做，如"设计方法"的课程中引入小型空间的设计，使得课程设计在教学内容上更具有吸引力。设计实践的教学第一步是了解设计需求，第二步是调查研究。调查研究是整个设计流程的一个重要环节。好的设计师，也是善于调研的，能够从中发现问题，并寻找解决问题的办法。在设计主题确定后，学生不要急于着手设计,而是将更多精力用在调研之中。在教学内容的基础理论方面,应着重介绍中国传统建筑文化。对于学生来说,中国传统的建筑文化是既熟悉而又陌生的。学生通过对传统建筑文化的学习,可以对照反思当下城市大规模开发建设中外科手术式的规划和建筑设计理念。

(3)优化课堂教学的管理

"设计方法"的理论和实践可广泛运用到城市规划、建筑、园林、雕塑、室内设计等系统整合艺术,是设计艺术和环境艺术专业的综合学科。严格管理教学环境,有助于保证教学质量,有利于对系列课程教学内容进行系统整合、全面优化。循序渐进的授课方式和由浅入深的设计课程学习,使得学生对设计的理解不断深化。在教学过程中,应始终注重学生的创造性思维的训练,设计方法课程帮助学生掌握设计的基本方法,去发现、归纳、总结信息,并形成模式。

笔者认为设计方法的教学为后续的环境艺术设计实践课程的开展奠定了坚实的理论基础。

3. 新教学模式的建构

环境艺术的设计方法延续和深化了建筑设计的设计方法,是城市规划和建筑设计中不可分割的组成部分。建筑学的设计方法教学有很多方面能够为环境艺术打下专业基础,有利于学科建设的发展,能够克服环境艺术与城市设计等学科的脱节现象。只有具有扎实的文化艺术底蕴,设计者才能看到整体设计背后的东西,才能对设计项目有一个全面、深刻的把握[3]。

针对环境艺术专业的学科建设特点,结合京津冀的城市发展背景,以工程学科为基础,设计艺术教育为主线,科学与艺术融合的设计方法学科建设,是在传统建筑和现代建筑的教学实践中进行的较深入的探索。在专业课的教学过程中,我们针对环境艺术设计方法的教学特点,结合教学实践和成果,有意识地培养学生对设计的认识,串联了以往素描、色彩、建筑设计、设计理论等课程内容,并使学生能够将其自觉地将之运用到设计当中。

(1)理论为主的讲座串联

"设计方法"的课程是一门涉及建筑学、艺术学、美学、城市规划等众多领域知识的学科。作为为社会培养人才的高校，在课程教学中不仅应该为学生讲授系统的理论，还要提高学生的文学、艺术、哲学等多方面的素养，提升学生的综合能力，使之形成正确的价值观和可持续设计理念。

在教学改革中，注重教学的系统性、渗透性和互动性。在设计方法课程中，教师循序渐进地向学生传授知识，通过理论知识的介绍，加强学生的基础知识，加强对知识结构衔接关系的了解；学生通过小组学习展开汇报，由浅入深地学习，有利于收集更多的设计资料。教师还组织学生参观相关项目，进行设计方案的评析等，充分调动了学生的积极性，提升了学生的综合能力和应用能力。

（2）实践反思的案例分析

环境艺术设计的"设计方法"课程也是一门与实践紧密结合的理论课。随着社会的变化，人们对实践不断提出新的更高的要求。为了使学生理论和实践更好地结合，在课程上除了理论知识的系统学习，还加入了设计作业。通过设计课题，引导学生从概念入手进行理论的消化、理解，寻找兴趣点，选择主题，确定设计的切入点，并用设计主题贯穿整个线索，从而完成从抽象到形象的转换。学生在做设计的时候也分两个阶段，概念阶段和设计阶段，其中概念阶段需要学生对概念做出理论的分析，并寻找自己的兴趣点和切入点。设计阶段是以设计语言使构想更具有空间感。在设计课题中，教师针对学生的兴趣安排相对单纯且容易发挥的设计任务，学生们三人一组，在规定的时间内完成作业。在教学方法上，设计方法强调了对设计思维和方法的训练，使学生加强对日常生活的观察和体验。通过设计任务让学生组成联合团队，针对当下的生活情景，从日常生活中进行仔细研究和深入的探讨，鼓励学生到企业合作单位参与工程设计、施工和管理，关注城市规划和室内外环境的设计课题，发挥创造力。学生在实践过程中，能够增强应用能力和动手能力，教师要引导他们吸收新的设计理念、表现手法和施工工艺，鼓励不同的学生针对出现的问题进行碰撞和探讨，为其搭建起一个分享认知和交流观点的平台。

在设计教学中，教师引入真实案例，向学生介绍地域建筑的材料、工艺、周边环境等，通过对地域建筑的解读，让学生了解到建筑不仅是空降的形态，还需要和当地的文化历史紧密结合。学生在设计过程中，不但需要考虑环境、周边场地和所用的材料是否适用，还需要考虑建筑的表皮、地域性的元素、室内的功能。这种由外而内的概念设计，有助于学生对建筑的外部结构和内部功能有更深入的体会。设计练习强调重视细节和体验的研究思路，以及创造性的解决方案。这些重视微观细节和体验的解决问题的方式，是基于日常生活的介入方法。

空间的训练是建筑艺术和环境艺术设计专业最基本的语言表达形式，是设计不可缺少的物质表达方式。在教学内容中，如何训练学生形成自身的独特的空间语言创造力和思维方式是教学实践需要探索的方向。空间的形式训练需要解决"说什么"和"如何说"，学生通过设计任务要求的具体空间形式和内部功能要求，对室内外功能进行分析、解读和借鉴，达到空间的表达目的。

通过户外的调研，帮助学生将城市、建筑和室内外环境看作是一个有机的整体，在设计时能够对环境进行改良、改造，从整体的平和和协调出发，进行局部的干预和激发，以最低的干预程度，精微、精准的设计，达到城市改造的目的，使设计的手段变成多方案的、局部的和策略的。

（3）课程的具体实施和分析

按照教学的内容可分为三大板块：核心方法论的教学、实地调研和设计实践教学。核心方法论教学侧重于理论的层面，通过古今中外的大量案例，培养学生对设计方法的认知。

在教学实践过程中，引导学生关注所在城市的历史文化的发展，关注建筑与艺术在当下语境下的设计实践。

（4）根植于地域的工艺和材料的营造

设计源于生活，在设计方法课程中，教师需要引导学生树立正确的设计观，对生活进行细致的观察和细腻的体验。设计需要从周围环境和日常生活中的观察做起，关注充满细节的生活，反对程序化的设计过程，强调观察能力的培养。在设计实践课程时，教师带领学生对传统建筑和街区进行考察，让学生实地感受地域文化的土壤，从实地出发，理解环境艺术设计营造的重要性。教师引导学生观察装饰艺术、传统材料、工艺水平，面向生活中的实践,以批判的精神对现代的建筑现象进行思考。

在课程设置中,引导学生从现实的生活出发,从不同的角度进行观察,在教学中培养学生对材料、结构、构造、施工工艺的学习和训练,对于历史建筑保护、协调新旧建筑景观、推进城市文化等具有特别的意义。在考察的环节方面,该课程安排北京传统历史街区的考察和现代建筑的考察。现代的建筑侧重对建筑空间本身抽象的形式和张力的研究。课程以著名建筑师马里奥·波塔为案例,学生通过观看模型、设计草稿、建筑图片、设计图纸等,对其设计的来源和思想有了更深刻的了解,从而加强了对现代设计方法的理解。

"设计方法"课程选择了"美丽乡村"建设中对民居立体面的改造和示范性的住宅设计案例,通过调研乡土建筑,使得课程设计在教学内容上具有很大的吸引力。

结　语

近年来,为提升学生的综合设计能力和创新思维,满足社会需求,结合环境艺术教育的特色,我们对"设计方法"的课程进行了改革。此课程作为环境艺术设计专业的主要课程,有助于学生建立科学、严谨的设计思维方法。首先,针对学生编制专业教材,构建学生的知识系统,培养学生的综合能力,有针对性地构建学生的知识、能力和思维方式。其次,加入实践教学的环节,尝试多种教学方法,充实教学内容,提高学术的应用能力。最后,以多种途径引导学生参加设计实践,强化知识的运用,提升学生自主灵活地借助设计方法、调查研究、逻辑推理等手段获得创意,使得课题研究深入微观层面。通过这些改革,期待环境艺术专业的设计人才能够更好地适应社会需要,成为具有设计敏感性和创新能力的高素质设计人才。

参考文献

[1]史澎涛.环境艺术设计专业人体工程学教学改革创新研究[J].美

与时代,2011(9).

[2] 辛艺峰. 改革中的建筑室内环境艺术设计系列课程建设及其实践探索[J]. 室内设计,2009(1).

[3] 王大凯. 对高校环境艺术设计专业教学改革的思考[J]. 美术大观,2008(8).

[4] 翟晓男. 高校环境艺术设计专业实践教学改革[J]. 沈阳教育学院学报,2010(4).

[5] 陈力石,牛铁. 环境艺术设计教学改革的探索与研究[J]. 艺术研究,2010(2).

作者简介：

郑慧铭,女,1981年生,博士,北京联合大学艺术学院讲师,从事工作和研究方向：传统建筑和乡村建设。本科毕业于厦门大学,后在清华大学建筑学院、中央美术学院建筑学院分别取得硕士、博士学位。2016年进入北京联合大学任教。主要从事乡土建筑、乡村建设、人居环境等领域的研究工作,在《中国园林》《建筑史论汇刊》《南方建筑》等学术刊物上发表论文10余篇,出版学术专著1部,并主持了北京市社会科学基金等多项学术研究课题。

基于 Excel 的人力资源管理实训课程设计研究

邱耀敏

摘　要：本文以基于 Excel 软件应用的人力资源管理实训课程设计为研究对象，对课程的特点进行了梳理和归纳，分析了其专业性、综合性、实操性和任务驱动的特点，讨论了本门课程与其他理论课和实践课程的不同之处；并结合课程特点，提出了基于 Excel 的人力资源管理实训课程设计的思路，确立了课程设计的人本主义价值取向，并对课程目标的确立、课程内容的选择、教学活动的组织安排、课程评价体系的确立等方面进行了论述。

关键词：Excel 应用　人力资源管理　专业实训　课程设计

在企事业人力资源管理实际工作中，基于 Excel 软件应用所构建的人事信息处理系统的使用率越来越高。Excel 软件强大的功能，早已超出了通常意义上的表格和数据处理的一般应用，在现代企业人力资源管理中发挥着日益重要的作用。因此，在人力资源管理专业教学中应该更好地应对企业需求，在课程建设中加大实训力度，通过实践教学方式来提高学生运用 Excel 处理人事信息的能力，提高学生分析问题、解决问题的综合能力。而"Excel 与人事信息处理"作为一门综合实训课程，就是一门基于 Excel 软件应用的人力资源管理综合实训课程，在课堂教学中，更应注意课程设计，做好内容的整合，以实际案例入手，拓展学生的视野，提高学生利用 Excel 综合分析和处理人力资源管理相关问题的能力。

一、基于 Excel 的人力资源管理实训课程的特点

作为一门以软件应用为前提和基础的专业实训课程，与人力资源管理专业其他实训课程相比，"Excel 与人事信息处理"主要有以下的特点：

（一）人力资源管理专业知识的综合性运用和呈现

要想熟练地运用 Excel 来处理人力资源管理中的相关问题，需要学生掌握人力资源管理的专业知识，因此，这门实训课程是在人力资源管理专业各模块内容学习基本结束后才开设的综合实训课。这与本专业其他实训课有明显区别，如在招聘与人才测评、薪酬与福利、培训与人力资源开发等专业课程中，均有与之相匹配的实践课程学时，使学生对这一门专业课的学习和知识的掌握不断深入。基于 Excel 的专业实训不是一门单一模块内容教学的专业课程，它需要学生在学习和掌握人力资源管理专业的各模块专业知识后，在已经具备理论水平的基础上，再去运用 Excel 来高效处理人力资源管理中的相关问题。因此，专业知识的学习和掌握是学习本门课程的前提和基础。

（二）具有极强的实践性和操作性

与其他理论教学课程不同，本课程教学全部在机房内进行，每次课程教师的讲解时间不多，绝大多数的时间是学生根据案例来运用 Excel 进行人事信息的相关处理和分析。因此，在学习中，需要学生保持高度的注意力和专注度，在数据录入、公式和函数的运用中特别细心、认真，不断地推进自己任务目标的实现。可以说，整个课程的教学，就是在学生用双手敲击键盘、大脑飞速思考的过程中进行的；如果出现松懈和麻痹，就很有可能出现运行错误，在数据处理中不能得到正确的结果。而学生通过简单的公式、命令和函数的应用后，将各种复杂的数据运算交由计算机来处理，快速高效地出现各种运算结果，他们在这个实践和动手操作的过程所获取的成就感和快乐也是非常大的。因此，这门课程引发了学生很大的学习兴趣，在学习过程中就有了很强的主动性和积极性。

（三）任务驱动式教学促进学生自主学习能力的提升

作为一门综合了人力资源管理专业知识的课程，在课程学习中，任务驱动是重要的学习方法之一。模块化的知识内容，使每一次课所需要完成的任务具有很强的综合性，并且目标非常明确。为了完成模块任务，学生不仅要认真学习讲义中所讲述的知识，接受教师的指导，更要加强自主学习。学生的计算机专业知识水平会有差异，在完成任务的过程中可能遇到许多不同的问题。为了解决这些问题，他们会通过积极查阅网络资料、查阅工具书、互相研讨等方法不断尝试，从而解决问题，推进任务的顺利完成。在这一学习过程中，学生的自主学习能力得到了有效的提升。

二、基于 Excel 的人力资源管理实训课程设计思路

"Excel 与人事信息处理"是人力资源管理专业一门重要的实践类专业必修课程，它的专业性、综合性、实操性和任务驱动的特点非常鲜明。在进行整体课程设计的时候，要兼顾系统的专业知识内容、学生的需求和社会的需求；在课程设计时以人本主义为价值取向，为学生提供有利于促进全面发展的经验，强调学生学习活动的过程；通过创设有利的情境，促进学生的自我学习。在课程目标的确立、课程内容的选择、教学活动的组织安排、课程评价体系的确立等方面充分考虑课程的特点和学生的学情，使教学更好地服务于学科建设和学生的发展，促进学生综合素质的提升。

（一）以促使学生拓宽视野，能够自主探究高效处理人事信息的方法和途径为目标

在接触本门课程之前，大多数学生对 Excel 的认识和运用非常肤浅，仅仅限于简单的数据和图表处理，对于能够运用它来分析处理人事信息数据几乎一无所知。这门课程的教学目标，就是要拓展学生的视野，使学生明确现代企事业单位中看似复杂烦琐的人力资源管理工作，能够运用现代化的技术和手段作为重要工具，从而高效、快速、准确地处理繁杂的人事信息，从中提炼出最有效的信息，为人力资源管理的科学决策提供准确、全

面、客观和科学的依据。在课程目标的定位上，特别需要明确的是"授人以鱼，不如授人以渔"，在课堂中所能够学习和运用到的人事信息处理的方法和工具是有限的；对于学生来说，更重要的是掌握了一种科学处理人事数据的方法和途径，在今后从事具体人力资源管理工作时，如果遇到相关问题可以通过自己的探索和研究来分析和解决。课程教学并不完全以学生实际掌握的 Excel 知识数量为目标，更多地强调掌握的方法和手段，为今后自主性地解决工作中遇到的问题打下基础。

（二）构建模块化的教学内容，将专业知识的整合与 Excel 的运用有机结合

在课程教学内容的选择上，特别强调根据人力资源管理专业各模块来整合教学内容，强调和突出 Excel 软件在人事信息处理中的应用性，并不以 Excel 命令和工具的使用来贯穿教学，不强调 Excel 软件教学本身的系统性和完整性，以突出其作为人力资源管理工作的工具性特点，使教学内容的选择上与常规计算机类的教学显著区别。在内容的编排上，按照人力资源管理工作的主要流程，以"招聘管理—培训管理—员工信息管理—劳动合同管理—考勤管理—薪酬与福利管理"为主线并划分成六大模块，各模块内容有机联系，以员工招聘为开端，以薪酬和绩效考核为结束。通过各模块的学习，会形成一套完整的人力资源管理数据资料，帮助学生确立起人力资源管理数据库的概念，积累相关的应用经验。

在根据人力资源管理专业知识整合成模块化的教学内容后，对于 Excel 的运用，则充分体现其工具性的特点。在处理各模块的数据时，需要用到的相关函数、命令和工具会进行随时讲解，并进行延伸讨论；前面所运用过的命令和工具，在后面的学习内容中拓展使用时，要求学生能够自主完成并根据任务来灵活设计命令和公式。在 Excel 相关教学内容中，对所涉及的软件知识进行分类，第一类是要求学生熟练掌握的命令、公式和工具，人事信息处理中特别常用的部分，教学要求是：知其然，并知其所以然，做到明确内涵、会使用、会编写；第二类是能够使用的工具，这部分内容涉及更为专业的计算机知识，如 VBA 程序的运用，教学要求是：知其然，

也就是知道程序的意义和使用规则及使用方法，但不要求学会编程；第三类是拓展类的知识，在进行人事数据处理和分析时偶尔出现，要求学生通过查阅资料和自主学习力争独立完成，或是能够明确表述需要达到的目标，针对性地寻求有效的帮助。

（三）以任务为导向的教学过程，注重学生主体作用的发挥

本门课程的教学是以完成模块任务为目标，对完成任务中所需要运用的 Excel 相关知识进行相应的学习和理解。在课堂学习过程中较多的是精讲多练。以模块"员工信息管理"的教学为例，学生需要完成的任务是：建立员工基本信息表、编制员工信息统计分析月报、员工信息的多维度动态分析、利用图表分析员工信息等内容。在教学活动的组织中，首先是使学生明确上述任务，在完成任务的过程中，对于前面模块中已经使用过的命令和工具进行复习并做到熟练使用；对本模块中新出现的相关知识进行学习和理解，并学会使用。在完成模块任务的过程中，学生会遇到各种各样的问题：数据的输入性错误、命令或工具的操作性错误、公式的编写错误、系统隐藏的漏洞等。在处理这些问题时，除了教师的指导，学生会自己主动寻找问题的根源，不断检查自己的错误；对一些难点问题，学生会主动查找资料，寻求解决的方法；进度快的学生会主动帮助和提示有困难的同学。在教学活动中，经常会出现师生共同研讨探究的场景，学生自主学习、主动探究的能力得到培养和提高。

（四）全方位、过程性的评价体系，客观准确衡量学生的学习效果

基于 Excel 的人力资源管理实训课程，在对学生进行考核评价时应特别注意形成性评价，加强过程管理和考核；同时，特别注重考核学生在学习本门课程后的整体收获，真正客观评价学生的学习能力、学习习惯、学习态度、学习效果等。在进行综合评价时，涉及过程性评价的因素主要有：课堂出勤情况、课堂表现情况、参与教学状况、模块任务完成过程情况、作业提交质量、主动查询资料解决问题情况、团队协作情况等。过程性评价的关键是客观准确地记录学生的课程学习表现情况，仔细观察在学习过

程中学生自主探究解决问题的能力和表现，对具有团队精神主动帮助他人的同学给予肯定和鼓励，认真批阅学生提交的模块作业中知识点的掌握和运用情况等。过程性考核比较全面地衡量了学生的学习态度、学习习惯和对知识的掌握及运用情况。基于本实训课教师精讲、学生多练的特点，教师在帮助学生解决疑难问题之余，更有时间和精力通过课堂观察对学生的学习过程进行分析和评价。因此，过程性考核结果在本课程考核中所占的比重达到二分之一。

除了过程性考核，结果性考核也很重要。与通常意义上以试卷成绩来判定结果的做法不同，本课程的结果性考核是以学生撰写实训报告的形式来进行。教师对实训报告的撰写提出严格的要求，主要有两个方面：第一是总体学习情况分析，包括通过本课程的学习得到的收获和体会、主要的问题和不足等，对自己的学习能力和学习效果做全面评价；第二是各模块学习情况分析，包括分析每一模块的学习状态，总结完成模块任务的收获，遇到的主要问题及原因分析，总结概括各模块中重点的命令、工具、函数及公式，对各模块的易错点进行分析等。从实训报告的提交情况来看，学生对通过实训得到的收获和体会进行了生动的总结，很多同学提到刚开始学习时，通过公式的运行直接得到复杂的人事信息的处理结果时，都觉得非常兴奋；不少同学对公式、命令和工具的梳理非常细致，还加上自己的应用体会；还有的学生对易错点的原因分析非常客观准确，为教师今后的教学也提供了有益的提示。总的来说，因为主动学习，认真完成了学习过程，学生的实习报告立体、全面而生动，是真正的学习积累和总结，较好地体现出了学习效果。

总体来看，由于 Excel 软件的强大功能，它在人力资源管理中的作用日益重要。因此，在人力资源管理的专业教学中，应充分考虑学生日后进入企业的工作需求，充分考虑培养应用型人才的定位和方向，切实加强相关实训课程建设的研究和探索，拓展 Excel 软件在专业教学应用中的新领域，使基于 Excel 的人力资源管理专业实训课程建设不断丰富和多元化，为学生专业能力和综合素质的提升创造更加有利的条件。

参考文献

[1] 李彩霞. 基于 Excel 成本会计综合之实训设计 [J]. 黑河学刊. 2016（9）.

[2] 谭洪益. 基于 Excel 财务管理模拟实训改革研究 [J]. 合作经济与科技. 2017（1）.

[3] 王晨曦. Excel 在部门人力资源管理中的高级应用 [J]. 时代金融. 2015（11）.

[4] 于海波，孟凡丽. 课程设计研究 20 年：历史、问题与走向 [J]. 沈阳师范大学学报. 2003（5）.

[5] 张艳. 任务驱动视角下 Excel 教学的创新研究 [J]. 时代教育，2013（19）.

[6] 赵娟. 当前我国大学课程设计中的问题及优化 [D]. 长沙：湖南师范大学，2010：46-50.

作者简介：

邸耀敏，女，1969 年出生，籍贯河北，副教授，从事人力资源管理专业教学工作，研究方向为人力资源培训与开发。出版研究专著 1 部，教材 3 部，发表论文多篇，并主持和参与多项教研和科研项目。

基于产教融合的"商务智能"实践教学改革

薛云

摘　要：培养面向生产、管理、服务第一线的技术人才是应用型大学人才培养的根本目标。在调查了国内一些企业对商务智能人才需求以及校企合作的基础上，提出了"面向企业需求的课程实践方案"，对课程实践教学的改革措施、实施、评价方面做了研究和实践。实践表明，该方案能够激发学生参与的积极性和热情，为企业培养适合的应用型人才。

关键词：商务智能　企业需求　课程实践　应用型人才　教学改革

一、引言

我校是一所应用型大学，以培养适应国家特别是首都经济社会发展需要的高素质应用型人才为己任[1]。培养面向生产、管理、服务第一线的技术人才是应用型大学人才培养的根本目标，因此在专业课程的课程实践的设计上，应该立足于企业的需求进行开展。本文基于"商务智能"课程进行了研究与实践，在调查企业对人才的需求基础上，根据课程的特点，并结合多年产教融合教学的经验，提出了面向企业需求的"商务智能"课程实践教学方案。

二、"商务智能"课程实践教学现状分析

（一）课程简介

"商务智能"课程（Business Intelligence，简称 BI），教学内容涵盖多

个学科,发展变化快,技术与管理融合,已经逐渐成为高校商学院和信管学院的重要课程之一。BI 是指用现代数据仓库技术、线上分析处理技术、数据挖掘和数据展现技术进行数据分析以实现商业价值。该课程强调理论和工程技术应用相结合,学生学习之后可以通过专业应用软件对数据进行深层次加工获得有实际应用价值的信息,增强学生对信息管理的深层次认识。

(二)实践教学现状分析

主要存在问题:缺乏企业案例与企业实践环境,工具软件更新快;教育资源不足,无法满足学生对课程内容的实践需求;实践教学师资力量薄弱;实践环节重视不够,学生动手能力明显不足;校企合作力度不够;过于强调分析技术和工具的使用,忽略了业务分析能力的培养。因此,应改变传统专业课程实验教学中存在的不足,以企业需求为导向,针对企业需求改进课程实践教学方案。

三、面向企业需求的"商务智能"实践教学方案

(一)改革措施

1. 对实践内容进行分层

将实践内容划分为基础实验和设计实验。基础实验让学生熟悉 BI 的基本流程和基本方法,了解相关分析工具的使用方法;设计实验是让学生以团队为单位,进行企业调研,进行业务流程的分析,确定需要分析的业务问题并设计具体的解决方案,撰写实验报告,对分析结果进行汇报交流。

2. 企业师资引进实践教学

开展"企业专家进课堂"活动,让企业专家参与到实践教学中。与企业专家一同研究教学内容,优化教学内容,合理安排"理论+实践",提升从理论到实践的转化效果。利用企业专家进课堂,重构教学团队,共同承担教学任务,发挥出"1+1>2"的作用。

3. 企业案例融入实践教学

企业专家用案例教学补充了书本知识，丰富了实践教学，让学生充分了解本行业的现状和具体的职业技能要求，可以有效培养学生的职业道德及素养，更好地提高学生的技能水平，同时也使学生们更直观地面对企业发展动态，为择业增加了筹码。

4. 设计思维贯穿实践教学

将"设计思维"引入实践教学，"设计思维"是一种以人为中心，结合人的需求、技术可行性和商业价值的设计方法，通过吸引用户参与进行面向用户的产品设计，目的是通过模拟企业实际 BI 项目的解决过程，培养学生面向企业需求，通过设计思维锻炼实践应用的能力[2]。具体应用过程如下：

（1）分析企业需求

通过课程大作业，选取真实企业或模拟企业，挖掘企业用户深层需求，理解业务展现的内容。鼓励学生扩大问题的思考范围，通过小组交流和课堂交流，促进学生创新，深入理解用户的意图，给出可行方案。利用"设计思维"中面向用户、集体智慧和快速迭代等优势，让学生在学习 BI 过程中，逐步发掘 BI 设计与企业实际需求结合的价值所在。

（2）模拟实践应用

模拟企业实际 BI 项目的解决过程，结合"设计思维"给出具体的解决方案，并利用工具软件模拟实现和展示，在课堂上进行小组的交流和汇报。培养学生面向企业需求的解决问题能力、利用工具软件进行 BI 实施的实践操作能力和团队合作能力。

（二）实施过程

实践教学的改革贯穿于整个课程过程中。分别从实施的各环节及实施的基础平台进行阐述。

1. "课堂—课外—企业"三个环节

具体分为课堂学习、课外实践与校外实习。具体如下所述：

① 课堂学习：课堂学习 BI 的理论知识，基础知识、基本操作知识。

② 课外实践：课外完成课程大作业，结合实际应用，面向企业的角度

考虑需求，充分设计和实践。

③ 校外实习：在课堂学习和课外实践的基础上，参与企业推荐的校外实习，回到学校，完成毕业论文/设计。优秀的毕业生将被推荐到企业就业。

2."校内—校外"多平台支持

可以借助多个平台辅助实践教学的开展。具体如下所述：

① 网络学堂 Black board：北京联合大学提供的网络教学平台 Blackboard，一个集课程创建、资源创建、交流互动、统计评测于一体的网络教学平台，课堂教学的主要内容通过网络学堂共享，课堂教学活动，例如讨论、测试、提交作业也可以在此平台进行。

② 微信公众号 Learning BI：由教学团队共同开发的基于微信的网络公众号，发布 BI 学习信息，学生可以参与互动。

③ 企业公开课：与合作企业开发的网上公开课，是学生可以根据视频内容进行选择性学习的授课平台。

④ 课堂实践平台：合作企业提供工具软件，在课堂教学实践中进行 BI 工具的实践。

⑤ 企业公众号：合作企业的企业公众号，是一个 BI 知识、行业背景知识和相关专业知识分享的知识平台，在教学中可以为学生补充课外学习的参考资料。

（三）评价考核

在面向企业需求的实践教学改革中，评价考核要与人才培养目标相一致，不仅注重基础的实践应用能力，而且还要考核学生在设计实验中展现的思路创新、表达沟通和团队协作能力。评价考核通过采用量规的评价标准及多角色评价方式来实现。

1. 基于量规的评价标准

（1）采用量规作为评价方式的优势

采用量规作为评价方式的优势包括：帮助学生明确每一个学习阶段的学习目标；帮助学生思考和判断完成作业的质量；帮助学生认识到自己学习所处的位置和教师的期望；帮助教师反思课程教学的每个环节；帮助教

师在学生评价上做到公平公正、有据可依；帮助教师实现"以教师为中心"到"以学生为中心"的转变[3]。量规的实施，清晰给出评判的标准，学生会按照评分标准充分地准备，明确了学习目标，提升了学习动力，改进了学习方法。而且，量规的实施有助于教师更新教学理念、改善教学方法。

（2）量规评价示例

评价标准中需要详细列出要检测的学习目标、能力目标及评价标准，并给出不同等级的评价标准，见表1。对于主观性评测的项目需要再给出补充的评分细则及权重，见表2。

表1 商务智能课程大作业评价量规设计表

学习目标 Goals	能力目标 Objectives	评价标准	不合格（0~59分）	合格（60~79分）	优良（80~100分）
具有商务信息分析能力	具备应用方法和工具解决实际商务问题与辅助管理决策的能力	对常用数据仓库建模方法以及建模工具运用的正确、熟练和有效程度	不能正确地运用方法和工具进行实际商务问题的分析和解决	能够较为正确地运用方法和工具进行实际商务问题的分析和解决	能够正确、熟练地运用方法和工具解决实际商务问题

表2 商务智能课程大作业评价标准细则及权重

		评分标准	
1	业务需求分析（20分）	16~20分	针对案例能够提出对企业决策有价值、有意义的数据分析需求（3个以上）
		12~15分	针对案例能够提出对企业决策有利的数据分析需求（2~3个）
		0~11分	针对案例能够提出数据分析需求（1个）
2	利用工具完成相应报表展示（40分）	32~40分	报表功能符合企业辅助决策支持的需求，实现了"文档""仪表盘"的应用。
		24~31分	报表功能基本符合企业辅助决策支持的需求
		0~23分	报表功能设计简单
3	外观设计（10分）	8~10分	外观色彩、字体、背景等搭配美观，有新意
		6~7分	外观色彩、字体、背景等搭配合理
		0~5分	进行了报表外观色彩、字体、背景的简单设计
4	演讲及回答问题（20分）	16~20分	演讲者逻辑清晰、语言流畅、回答问题正确
		12~15分	演讲者表现较好、回答问题较好
		0~11分	演讲者表现一般、回答问题存在问题

续表

		评分标准	
5	文档编写（10分）	8~10分	文档结构合理，排版美观，论述通顺，无明显词语错误
		6~7分	文档结构基本合理，排版一般，论述较通顺，有词语错误
		0~5分	文档结构不合理，排版较差，论述无条理，词语错误较多

注：该课程作业采用百分制计分，占期末总成绩的10%。

2. 多角色参与的评价方式

设计实践环节采用多角色评价的目的是提高评价的科学性、公平性和客观性，提高学生积极参与的热情，培养学生的团队合作精神，提高大作业的完成质量。多角色包含：学生、授课老师和企业专家，不同的角色占有不同的权重，见表3。企业专家主要邀请BI企业的市场业务总监参与点评环节，从企业的角度对学生们进行点评，让学生们收获了真实的实践体验。

表3 多角色评价方式及权重

设计实践环节综合评分	学生	授课教师	企业专家
权重	0.2	0.35	0.45

四、结语

实践证明，该课程的实践教学改革效果显著，近三年每年暑假推荐学生去合作企业进行实习，每年大四的毕业实习都有部分学生去合作企业进行BI相关项目的毕业实习，每年也有部分学生留在合作企业继续BI的开发设计工作，还有部分学生选择了去其他公司的BI工作，都收到了企业较好的反馈。同时BI课程调查问卷显示，"实践教学改革""企业专家进课堂"以及"企业专家参与大作业评价方式"的认可度，都达到85%以上。总之，今后的BI课程实践教学的改革还将进一步深化，在产教融合的基础上，进一步加强从理论教学到实践教学的转化,进一步优化实践教学,进一步有效地提高学生的实践能力。

参考文献

[1] 徐英俊. 应用型大学的特点及发展路径 [J]. 大学(研究与评价), 2007 (03): 64-67.

[2] 赵卫东, 吴冉. 设计思维在商务智能实验教学中的应用 [J]. 计算机教育, 2014 (24): 107-110.

[3] 彭熠. 量规在教师教育中的作用与设计原则 [J]. 大学教育科学, 2014 (3): 55-60.

作者简介:

薛云,1977年12月出生,籍贯山西平遥,副教授。研究方向:计算机应用。主要教学科研成果及取得的荣誉:主持北京市教委项目2项,主持学校教改课题2项,参与国家课题1项、参与学校、政府及企业委托课题10多项;出版学术专著1部、教材5部,发表论文30余篇。北京市中青年骨干教师,北京市青年教师社会调研项目一等奖,北京联合大学教学成果一等奖,北京联合大学数据库设计大赛优秀指导教师。

本文系北京联合大学教育教学研究与改革项目"基于产教融合的'商务智能'课程开发研究与实践"(项目编号JJ2017Y008)研究成果。

《线性代数》教学内容和体系浅探
——从分块矩阵运算谈起

徐尚文　杨静

摘　要：分块矩阵运算是线性代数课程中非常重要的内容，从该内容教学中存在的问题出发，分析了问题的原因，探讨了现行工科线性代数课程教学内容体系的特点及不足，给出了一些方法和建议。

关键词：线性代数　分块矩阵　科学计算　MATLAB

中图分类号：O151.2

分块矩阵运算及教学中的问题

矩阵是线性代数中的一个基本概念，是研究线性代数众多内容的重要工具，也是解决实际工程问题时经常使用的有效工具。使用矩阵运算时，常常会遇到矩阵的阶数比较高或者矩阵具有特殊结构的情况，若直接使用矩阵的一般运算规则来处理，往往比较困难或者效率不高。这种情况下，通常可以采用分块的方法，把一个矩阵分成若干子矩阵，运算时把这些子矩阵看成元素来处理。

使用分块矩阵运算有很多好处，矩阵分块运算不仅能把大矩阵的运算化为小矩阵的运算，采用"分而治之"的策略处理大规模矩阵运算问题，而且采用分块法之后，能突出矩阵的结构，从而可以充分地利用其特殊结构简化运算；另外，分块运算还可以为某些命题的证明提供更简洁的方法，加深对矩阵概念和某些运算的理解。更重要的是，分块矩阵运算在高性能数值运算中起着非常大的作用。

因此分块矩阵运算理应得到学生的高度重视。但是,在教学实践中却发现,这块内容往往得不到学生应有的重视,甚至不少学生认为这个方法无关紧要,从而无法熟练地掌握和应用这个非常重要和有效的工具。

造成这种情况的主要原因是学生在学习了这个方法后,只是简单地知道了几个运算规则,并没有深刻理解其作用和优势,从而认识不到其重要性。这与现行教材的内容编排以及体系编排上有很大的关系。以被全国众多高校广泛采用的同济版教材《线性代数》[1]为例,该书在列出分块矩阵的运算规则之后,给出几个简单的例题,如48页例15,演示了如何使用分块矩阵乘法规则计算矩阵乘积。通过本例学生可以熟悉分块矩阵乘法的规则,但是本例无法清楚地让学生看到采用这种方法有什么显著的好处或优势,因为两个四阶方阵的乘积用不用分块法计算量和计算时间不会有很大区别。只有大规模的矩阵运算才更有说服力,但由于教材没有引入科学计算软件,因而无法给出这样的例子来向学生直观地展示分块矩阵乘法在计算效率上的显著优势。此外,教材中也没有使用分块矩阵运算的工程实例来体现该方法在解决实际问题中的重要作用,这是由于教材偏重理论而缺乏应用实例的编写体系导致的。

一、主流线性代数教材的特点与不足

同济版《线性代数》是为工科专业编写的教材,因其体系完整、内容简洁、知识联系紧密,配套习题及资源丰富而被国内众多高校工科专业采用。但是,和其他主流教材一样,该教材有几个非常显著的特点和不足。

一是内容过于偏重理论,注重知识体系的完整,而缺乏应用实例,缺乏线性代数理论知识与工程实际以及工科专业应有的联系。

二是没有引入科学计算的内容,没有引入科学计算软件,完全依靠手工计算。教材中几乎所有的矩阵运算问题都是低于四阶的,全部通过手工计算。

上述特点正是线性代数主流教材的缺陷和不足,教材的这些不足影响了教学的效果。线性代数是一门实用性非常强的学科,过度偏重理论而忽视应用,对工科学生来说是极不合理的。开设这门课程的目标是培养学生使用线性代数工具解决工程应用问题的能力,但教材几乎没有一个工程应用实例,学生得不到这方面的任何训练,结果是即使完全学会了教材上的理论也不会使用它们解决专业领域和工程实际中的应用问题。开设这门课程的目标无法真正实现。

如前所述,对工科专业来说线性代数的重要价值在于其在工程应用问题中的作用。而就实际应用而言,线性代数只有与计算机结合才能真正发挥其巨大作用。现行教材完全依靠手工计算,费时费力且只能处理小规模的问题,比如四阶及四阶以下的矩阵运算,只有四五个方程和未知数的线性方程组。而实际问题需要处理的矩阵和线性方程组规模往往远高于这些,通过手工计算几乎不可能解决。这样,就造成了学生即使完全掌握了教材上的方法也无法将其应用到实际应用问题的处理上。可以说,如果不引入计算机和科学计算软件,线性代数课程本该承担的培养学生科学计算能力的任务就不可能实现。

此外,过度重视理论也会让学生感到内容抽象枯燥,不易理解;大量的手工计算使人感到烦琐无味,甚至望而生畏,这些都不利于激发学生的学习兴趣,不利于提高教学效果。

二、弥补教材不足的方法与建议

基于上述分析,笔者认为可以从两个方面改进现行教材的不足。

一是调整教材的编写思路,突出线性代数课程的实用性。在内容的编排上,大量加入工程应用实例,特别是与后续专业课程相关的应用实例。通过这些实例,让学生学习到如何将线性代数的理论应用到实际问题中,培养他们的应用能力,为他们后续专业课程的学习及今后工作中实际问题的处理提供训练。这方面,国外的一些优秀教材[2,3]给我们提供了很好的范例,值得我们学习和借鉴。

二是调整教材的编写体系,引入科学计算的内容,融入科学计算软件。MATLAB是目前非常流行的科学计算软件,其功能十分强大,既有大量的内置命令可以直接调用以求解线性代数中的大部分问题,又可以作为高级编程语言来编写相应的程序求解具体的应用问题。引入MATLAB后,对大部分内容，在学生掌握了基本理论和基本方法后，就可以用软件计算了。可以把学生从烦琐的手工计算中解放出来，而把更多的精力放在培养他们分析问题、建立数学模型、利用软件求解模型的能力上，从而达到培养学生应用知识解决实际问题的能力。对教材中的工程应用实例，MATLAB 提供了有效的求解工具，可以让学生完整地看到应用实例的求解过程和解的结果，方便他们深入准确地理解应用实例的意义。为他们今后遇到的实际问题提供了真正切实可行而且有效的解决工具。目前，国内已有一些高校进行了这方面的研究和探索，并取得了一系列成果[4,5]。

三、使用现行教材教学中的一些探索

目前，在使用现行主流线性代数教材的条件下，笔者在教学实践中已经做了一些探索和尝试。在教学学时和教学内容确定的条件下，引入 MATLAB 系统完整地讲解科学计算是难以实现的，因为学时远远不够。因此教学中，笔者在每章讲授完基本理论和基本计算方法的基础上，利用习题课的时间，介绍与该章内容有关的 MATLAB 实现。利用学生对软件计算的兴趣，激发他们的主观能动性，让他们利用课后时间掌握基本的 MATLAB 使用技能。同时结合所讲内容，补充一些适当的应用实例，鼓励学生课后使用 MATLAB 软件来分析求解。

对于某些具体的教学内容，充分利用科学计算软件的优势，通过计算机演示，让学生直观地感觉到所学知识的重要性和有效性，加强学生对这些知识的认识和理解。例如，前文提到的分块矩阵运算，在讲授运算规则之前，先向学生介绍使用分块矩阵运算的几个好处和优势，特别强调分块矩阵运算往往能大大地提高运算效率。讲授完运算规则和教材上的几个例子后，学生对这种方法基本掌握了，也大概能看出对某些特殊结构矩阵，该方法能在一定程度上简化运算，但并不能得到之前特别强调的分块矩阵运算往往能大大地提高运算效率的验证。这时，可以利用 MATLAB 软件，编写一个大规模矩阵乘积的例子，通过比较使用分块矩阵乘法和使用一般的矩阵乘法两种不同计算方法所需要时间的差异，来直观明了地展示前者的运算效率大大高于后者，从而让学生深刻地体会和理解分块矩阵乘法的优势和好处。

教学过程中，笔者编制的对比算例为：利用 MATLAB 软件生成两个随机矩阵 A 和 B，满足 A 的列数等于 B 的行数，编写一个比较分块矩阵乘法和一般矩阵乘法所需时间的函数 mmp.m，该函数输入参数为 A 和 B，输出参数为两种不同乘法计算 AB 各自需要的时间。为了让计算结果更加直观明了，还可以把二者的时间对比描点画在同一张图里。以下是计算了 100 对随机矩阵 A 与 B 乘积的 MATLAB 程序以及使用不同矩阵乘法计算每对乘积所需时间的对比图（图1）。

函数mmp.m：

```
%%分块矩阵乘法与普通矩阵乘法用时比较
function [ t1,t2 ] = mmp( A,B )
C=zeros(size(A,1),size(B,2));
%%普通乘法
tic
for i=1:size(A,1)
   for j=1:size(B,2)
     C(i,j)=A(i,:)*B(:,j);
   end
end
t1=toc;
disp(['普通乘法所用时间：',num2str(t1),' 秒']);
%%分块乘法
tic
for k=1:size(A,2)
   C=C+A(:,k)*B(k,:);
end
t2=toc;
disp(['分块乘法所用时间：',num2str(t2),' 秒']);
```

end

主程序main：
```
clc;clear;
n=100;%计算次数
t=zeros(n,2);
for i=1:n
    [t1,t2]=mmp(rand(100,45),rand(45,30));
    t(i,1)=t1;
    t(i,2)=t2;
end
plot(1:n,t(:,1),'*r',1:n,t(:,2),'. b');
```

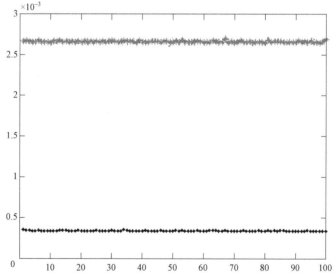

图1 （下面的点为分块矩阵乘法用时，上面的点为一般矩阵乘法用时。单位：s）

从上图中，可以清楚地看到对100对不同的随机生成矩阵 A 与 B，分块矩阵乘法与一般矩阵乘法计算乘积 AB 所用的时间对比情况，前者比后者具有非常明显的时间优势，而且对每一对 A 与 B，两种方法所需时间比基本一致。可见，采用分块矩阵乘法，能大大提高矩阵乘积的运算效率，这对实际问题中的大规模数据运算具有十分重要的意义。

参考文献

［1］同济大学应用数学系. 工程数学：线性代数［M］. 5版. 北京：高等教育出版社，2007.

［2］STEVEN J，LEON. Linear Algebra with Applications［M］. 9th ed. Boston：Pearson Education，2015.

［3］DAVID C. LAY. Linear Algebra and Its Applications［M］. 4th ed. Boston：Pearson Education，2012.

［4］陈怀琛，高淑萍，杨威. 科学计算能力的培养与线性代数改革［J］. 高等数学研究，2009，12（3）：23-26.

［5］陈怀琛，高淑萍，杨威. 工程线性代数（MATLAB版）［M］. 北京：电子工业出版社，2007.

徐尚文　讲师，北京联合大学基础部教师。主要研究方向为最优化理论与算法、数据科学。

本文受北京联合大学2016年度教育教学研究与改革项目（No. JJ2016Y031）资助。

听障大学生图像处理软件课程教学方法浅探

胡可　林婧

摘　要：Photoshop 图像处理课程是视觉传达设计专业的必修课程。为了在知识、技能、素质上有效提升学生的水平，教师在充分了解听障大学生思维特点和认知模式的基础上，着手课程课例开发与实践，探索情境教学法、模块教学法、案例教学法，以及 CEAC 考证目标驱动方法。初步确证，这些方法能够有效挖掘学生潜能和创新能力，在教学中具有切实的可行性。

关键词：听障大学生　Photoshop 课程　教学方法　试探

随着一代代版本的更迭，Adobe 公司的 Photoshop 软件不断凝聚着全球优秀设计师的实践知识、工作方法和工作经验。它拥有强大的功能和便捷的操作界面，使设计过程集约化、设计成果可预见，极大释放了设计工作的自由度，可谓我们这个时代技术美学的代表。因此，它成为当今摄影后期处理、多媒体辅助制作以及平面设计各个领域必须掌握的基础技术。但"技术"这个词，并非仅指工具性，它既包括了从业者技能层面的操作，也包括技艺层面的审美，还包括技巧层面的经验内化和修养。然而在大学图像处理课程里，这样的"技"如何施教？这是笔者在面向听障大学生的实训过程中所要探索的方向。

一、目前存在的问题

特教界有识之士多有共识：聋人并非心智不高，只是思维所擅长的与其他人有所不同。聋人的日常手语与形象思维共生，这赋予聋人较强的观察和模仿能力，具备了学习视觉艺术的优势，长期的视觉观察又使聋人细腻、耐心，动手操作能力较好，然而就业范围的狭窄，迫使聋人过早体会到生存压力，因此对学习一技之长有强烈的渴望，这些因素决定了聋人学生们对 Photoshop 软件相当重视且有能力学好。然而我们的教学中仍有几点"绊脚石"影响着学生们的发展：一是教学方法上，传统亦步亦趋的教学方式使部分学生思维较封闭，不愿动手创新，容易出现大量风格相似的作品；二是学生在认知上，把 Photoshop 当成设计的替身，认为掌握了 Photoshop 就掌握了平面设计，对设计的理解仅在于工具层面；三是在对 Photoshop 本身的消化中，容易陷入表象，痴迷于奇幻又便捷的滤镜效果，而忽略了扎实的作图逻辑；四是教师的教学方案，还未能将充分提高学生潜能与素质的目标相结合。为了解决这些问题，笔者在教学方法上进行了初步探索。

二、教学方法探索

首先，笔者十分注重使用情境教学法，营造情景交融的学习氛围，通过心灵碰触提升自觉性和创造力；其次，注重将知识模块化，并选择最具代表性的案例来教学，在有限的课时里提升学习效率和优化知识结构；再次，案例的选择和展示过程中，注重发散思维与收敛思维的引导，有效促进思考；最后，辅导学生通过国家信息化计算机教育认证（CEAC）考试，通过参加考证来督促学习效果的达成。需要补充和强调的是，在面向听障学生的教学中，流畅的手语是媒介的活化剂，再好的方法也需要用清晰而生动的语言来传达。

（一）情境教学法

虽然 Photoshop 课程是一门技术性、应用性、实践性较强的工具课程，但在教学中首先必须明确的是教学的主体是学生，而不是工具本身，正如孟子所说:"梓匠轮舆能与人规矩,不能使人巧。"(《孟子·尽心下》),意为工具能够使人们掌握法则,但它不能代替悟性,不能直接等于技艺。对于Photoshop的学习,也不能陷入工具理性的窠臼。情境教学法的原理是通过设定生动形象的教学情境,引发学生的经验和情感,使其迅速进入学习状态,提高课堂教学参与度,从而达到提高教学效果的目的。

具体实施方法是,以切身体验作为创造力的激发点,布置与听障学生的生活经验密切相关的练习题:题目之一是"静默的世界",要求把身为聋人的经验和感受,用图像表现出来;题目之二是"我的梦",要求以自己的照片为主要素材,为自己营造一个梦境空间。这场以Photoshop为工具的感性探索,不仅巩固了知识与操作,更是一个了解自我身份、促成自我对话的机会。所谓身份,意味着聋人群体怎样看待耳聋状态下自身的价值,而健康的自我身份认识与个人幸福感紧密相关;所谓自身价值,当是包括自己的经验和追求在内的总体心灵意象,因此创造作品的过程同时也是一种对自己生命意象的追问。——学生们的思路非常丰富,不少作品叙述了边缘群体的经验,流露出交流受限的惶惑和孤单,使用了许多图层蒙板与滤镜来渲染欲诉还休的情绪,而另一些作品则表达了对自身的欣赏和肯定,例如赞扬手语交流之美、感恩爱与希望、自我激励以及展现对未来无障碍科技的想象,在抠图与合成技巧上鲜活灵动。饶有意味的是,同学们的表现手法不约而同以超现实主义为主——通过图像蒙太奇展现出天马行空的想象力,这不正是Photoshop的长处吗?在情景教学方法中,重点是学生的主体地位得到尊重,通过雕琢个性化的作品,积极主动探究知识的应用,从而把审美与情感融入技术训练之中,既收获了了解自己的满足感,也加快了知识的内化速度。在此过程中,教师随时将知识点贯穿于对学生的指导中,有效避免了灌输的教学方式和学生对操作步骤的死记硬背。比如同学们都很喜欢用云彩或火焰来渲染梦想的超现实气氛,于是问学生哪些方法可以让物体在云层或火焰中半隐半现?学生的思维活跃起来,讨论云彩和火焰的制作、画笔和橡皮擦工具、图层蒙板、混合颜色带,而后者的功能尤其出乎意料,令学生印象深刻。学生完成作品后,教师会组织同学之间进行讨论和点评,引导彼此欣赏,增强群体尊严感和归属感,从而有望更为开放地发挥同学们的创造力。

（二）模块教学法

如果说情境法注重的是趣味性与情感性，那么模块法注重的就是系统性和合理性，目的是给学生树立扎实的知识架构。

模块教学法以教师为主导，通过对教学内容进行模块化重组，使之形成多个知识集丛，每个集丛服务于一个专项能力的培养，从而使学习内容更有逻辑性、更易于记忆和使用。笔者把教学内容分为6个模块：

①"选择的艺术"模块，分析多种选择方式的特点和优劣，兼及图层的功能与操作。这个步骤就犹如铺开画纸、圈点河山，是所有操作的基础。

②"变形的艺术"模块：讲解图像大小和位置变换、常规扭曲缩放与拉伸、图章、操控变形、模糊与锐化、液化滤镜以及扭曲滤镜等，这些工具与命令的共同点是能使图像发生样态改变。

③"蒙太奇的艺术"模块：学习图层蒙板、快速蒙板、图层混合模式、剪贴蒙板、通道以及相关滤镜等，这些工具共同致力于多幅图像的合成。

④"色彩的艺术"模块：研究色彩的调整、图像修复与润饰，这是照片后期处理必须掌握的知识，而高质量的图片是设计的重要组成部分。

⑤"描绘的艺术"模块：渐变与填充工具、路径、画笔、图层样式以及常用的艺术风格滤镜，这些工具用于创制物体及其特效。

⑥"综合实例"模块，帮助学生练习图像、文字与特效的综合处理与编排。需要强调的是，这六个模块根据功能分类，而非参照传统的菜单集来分类。以滤镜为例，传统的课程常把它划为单独一块，但滤镜的功能实际上是面向不同应用的，比如有变形与模糊滤镜组、艺术风格滤镜组、图像校正滤镜组、渲染滤镜组，它们应该被更高的应用目的所指导，与同类工具一起进行功能上的化约，学生才不致于迷失在眼花缭乱的幻境中。

模块教学法打破了学生对 Photoshop 庞杂菜单命令的畏惧感，有利于增强学生的学习信心。各个模块之间既独立又关联，既循序渐进，又重视知识的重叠与衔接，既提炼了知识结构，也强化了知识重点。以此模块结构为基础，学生在进行了一定案例训练之后，便能发挥自主性，立足于高层次对下级工具进行选择和适配，这对于抽象思维本不是很强的聋人学生来说尤其有帮助。

（三）案例教学法

在模块教学法中，模块中的每个子模块都配置合适的案例进行教学，并且会有综合案例贯通整个模块的知识。所谓案例教学法，指的是教学过程中通过模拟设计任务，让学生在虚拟场景中进行真实演练的一种方法，有助于学生深入理解知识点，提炼解决问题的思路，从而提高处理问题的实践能力。

考虑到聋人学生的认知特点，教师有意减少了理论的比重，增加了案例的比重。虽说在教材的选取上，已经注重选取语言浅近幽默且实例丰富多彩的时新教材，但还需要教师根据学生的兴趣和信息接收习惯，创意性地对案例进行编辑和重组，甚至重新设计案例。

对于案例的选择和设计，首先注意的是难度不宜过大，以树立学生的信心。其次，应以吸引学生兴趣为主，例如在"色彩的艺术"模块，时值电影《芳华》热映，教师采用一张青年军人的老照片为素材，引导学生做老照片翻新和修色，同时注重艺术气氛的营造，或用高长调表现出青春的响亮热烈，或用低调子表现时代的凝重沉郁，直到"芳华"在每个学生手中以不同面貌重现。学生们都很有热情，有人课后摩拳擦掌表示要给自己家族的老照片做修复。在"蒙太奇的艺术"模块，选择热门影片的海报，分析其制作思路：采用了哪些形象进行合成、各个元素如何相互融合、主要采用什么工具达到特效、渲染和色调对主题表达有何贡献，等等，重在使学生体会到PS并不是炫技，辅弼主题表达的技术才是真正的技艺。在"综合实例"模块，则选择商业案例（如服装广告海报、网商页面设计、LOGO设计等），并且作品要符合产品级图像质量和印刷规范，力求实训内容符合将来工作的需要。

对于案例教学的实施，依循"展示效果—分析讨论—教师示范—学生操作—教师辅导—难点回顾"的教学过程。为避免回到"依样画葫芦"的老路上去，教学过程中重视发散思维的引导，即根据已有信息，从不同角度不同方向思考问题，多方面寻求答案，对于能够使用其他方法解决问题的同学予以表扬和鼓励。同时也注重收敛思维，在众多方法中比较，从而确定最优方法。部分学生反映虽然理解课堂内容没问题，但是因为要看教师的手语，无法像普通学生那样边听讲边记笔记，他们记笔记的速度和能力都不够理想。改进措施：每次上完课立即把课件发给同学们，并根据学生的问题做提示和补充，方便大家课后消化和归纳整理。此外，课后还提供了许多 Photoshop 的经典学习资料给学生，有利于学生扩展视野、举一反三。

（四）与 CEAC 平面设计师认证考试相结合

学习 Photoshop 就像练剑，无论实训中的招式多么迷人，但在实际水平上印证教学效果，需要确立一个硬性标准。经艺术设计系教研组商定，采用考取 CEAC 平面设计师认证（Photoshop 模块）作为本课程的结课考核成绩之一。

CEAC，即国家信息化计算机教育认证，是国家信息产业部和中国电子商务协会共同批准、设立的信息化考试系统平台，Photoshop 是其下图形图像数字多媒体教育体系的一部分，学生通过该认证考试后将获得 CEAC 平面设计专家证书，为就业提供一条便捷的通道。

在把实训与考证相结合的尝试中，教师做了以下工作：首先，分析考试范围和典型题型，在考试难度和学生水平之间做出衡量；其次，在教学案例的选择中兼顾专业实践与 CEAC 平面设计师认证考试的模式，根据考试模式安排典型案例进行练习，使实训与考证相互促进，并且衔接自然；再次，在教学中，时刻关注学生对常考知识点的掌握情况，做到胸中有数，对后进生进行个别辅导，做到有的放矢。最后，利用考证给课堂营造适度的紧张气氛，杜绝了上课玩手机等不良行为。

三、总结

经过两届学生的实践，Photoshop 图形图像处理课程取得了较好的教学效果，课程考核优秀率在 20%左右，良好率 60%左右，考证通过率达到 100%。教师在今后会继续跟进学生在设计专业课中对 Photoshop 的运用情况，并认真听取设计专业课老师的反馈，只有把技能放之于更广大的专业领域，才能实现个人的可持续发展，这也是技艺走向纯熟的扎实途径。

参考文献

[1] 冯春苑. 浅谈 Photoshop 课程教学方法[J]. 现代计算机(专业版), 2018（01）: 48–50.

[2] 李超民, 谭媚. 近二十年来我国情境教学法研究述评[J]. 当代职业教育, 2016（01）: 14–19.

[3] 张玉能. 实践转向与技术美学[J]. 武汉理工大学学报（社会科学版）, 2013, 26（05）: 730–738.

[4] 林婧. 艺术文化学视野中的美国聋人美术研究[D]. 武汉: 湖北美术学院, 2016.

第一作者简介：胡可，聋人，1977年生，本科毕业于清华大学美术学院，硕士毕业于美国高立德大学。现为北京联合大学特殊教育学院教师。受邀做多次学术讲座，发表论文若干，主持校级新起点社科项目《中国手语的数字手势研究》和中国残联一般项目《听力障碍者社会支持服务研究》等。

大学生参加科技创新项目的实践和研究

李青　李红豫

摘　要：大学生科技创新能力的培养对于增强民族自主创新能力有着重大的影响。在大学生中开展科技创新活动是高校人才培养的重要内容，对促进大学生的全面发展有着重要的意义。

大学本科生通过参加科技创新项目，增强了学生的创新能力，提升了学生综合素质。

关键词：大学生科技创新　项目　实践　研究

一、引言

李克强总理在政府工作报告中提出了"大众创业、万众创新"的理念。

教育的发展是科技发展的基础，高校对于创新人才的培养有着得天独厚的优势，大学生科技创新能力的培养对于增强民族自主创新能力有着重大的影响。

在大学生中开展科技创新活动是高校人才培养的重要内容，对促进大学生的全面发展有着重要的意义。

二、实践与研究

笔者多年指导大学本科生参加科技创新项目，例如：指导学生成功申报并完成多项国家级和北京市级的"'启明星'大学生科技创新项目"。本科生通过参加大学生科技创新项目，增强了创新能力，提升了综合素质。

在参加完成国家级和北京市大学生科技创新项目之后，有些本科生毕业后考取了重点院校的研究生、博士生，例如：考取了北京航空航天大学的研究生、北京理工大学的博士生，还有些学生到美国高校进一步学习深造。

参加完成国家级和北京市大学生科技创新项目的本科毕业生们说：他们通过参加大学生科技创新项目，多方面能力得到提高，为他们考取研究生、到国外进一步深造学习、工作带来很大益处。

我校每年进行大学生科技创新项目申报工作，通过专家评审确认国家级、北京市级和校级项目。大学生科技创新项目为广大学生提供了参与科学研究的机会。

我们教师通过平时的教学，发现和了解学习能力和实践能力较强、有独立思考能力的学生，通过与这些学生交流，让学生了解学生科技创新项目的内容和教师的研究方向，找出愿意利用课余时间参加科技创新项目的学生，一般选大二和大三的学生，然后根据教师的研究方向和学生的专业方向和兴趣志向，讨论确定项目的研究课题，一般三人一组组成创新团队，其中一名学生担任项目负责人。

当申报项目通过专家评审获得审批确认后，让学生先搜集阅读学习与项目有关的知识、算法和软件等。

在项目实施过程中，以学生自主设计实施为主，学生虽然是本科生，但参加大学生科技创新项目的学生通常自学能力较强，对科技创新活动感兴趣，善于学习、善于思考。教师尽量按照培养研究生的方式培养引导他们，尽量让学生独立思考解决问题，有利于培养学生的创新能力。

教师一般1~2周对大学生科技创新项目进行定期检查，看项目进度是否按计划进行，主要看学生在项目进行中遇到什么困难问题，与学生讨论并对学生加以指导，指出下一步的研究方向。对于学生做得好的方面给予肯定，对于发现的问题及时指出纠正，从而保证项目顺利按进度完成，这是大学生科技创新项目保证质量的重要环节。

在项目中期检查时，让学生完成中期评审报告书，教师审阅报告书并指导修改。一般中期评审报告书学生需要经过反复多次修改后才能按时完成。

在对大学生科技创新项目进行中期检查时，学校一般对一些项目进行抽查答辩，若项目被抽到中期答辩，会让学生按学校规定的答辩时长准备

PPT 讲稿，要求突出重点的项目内容，一般答辩需要给专家汇报的内容包括项目组基本情况、项目完成情况、项目开展的主要活动和取得的成果、研究过程中存在的问题及解决的方式对策等。

在答辩之前，通常让学生在多媒体教室给我们指导教师先试讲中期答辩的 PPT，因为参加大学生科技创新项目的这些学生一般都是大二学生，以前基本没有参加过答辩，我们指导教师在试讲中及时纠正演讲中的问题和不足，让学生在学校正式答辩时能做到讲解清晰、重点突出，并提高了学生的表达能力。

我校"启明星"大学生科技创新项目，通常每年年初开始进行，为期一年，一般暑假前后完成中期评审报告书，暑假期间学生在老师的指导下进一步完成项目创新和论文写作等，9 月开始准备项目结题申报书等有关内容。

按学校要求通常年底前完成结题申报书。结题申报书比中期评审报告书需要写的内容更多更广，学生写好结题申报书，教师审阅并指导修改。一般结题申报书学生也要经过多次修改后才能按时完成。

"启明星"大学生科技创新项目结题时，一般国家级项目都要结题答辩，市级项目抽查答辩。若学校要求项目参加结题答辩，学生在教师指导下，同准备中期答辩的方式一样，学生需认真准备结题答辩。

结题答辩以 PPT 方式进行结题汇报，通常上台汇报人数 1~2 人，项目组先进行汇报，然后由专家提问。

笔者多年指导学生参加国家级和北京市级科技创新项目，所有项目都按质按量合格完成，项目结题时有的还被评为优秀。

"启明星"大学生科技创新项目工作主要流程如图 1 所示。

图 1 "启明星"大学生科技创新项目工作主要流程

笔者多年指导大学本科生参加科学研究的项目涉及的内容有多方面，其中包括多个国家级和北京市级项目。

例如，笔者指导的国家级"启明星"大学生科技创新项目"三维虚拟太空旅游互动体验舱的研制"。项目以我国载人航天、探月工程为背景，综合运用视景模拟器、六自由度机械运动平台、仿真环境、多模式人机交互、虚实互动 3D 引擎、虚拟仪表等成熟技术与装备，集成 3D 立体视觉、屏幕墙、互动游戏、动感体验等一体化虚实互动功能，研发实时并行渲染平台、综合反馈与交互控制系统和数字娱乐环境创作平台，构建一套逼真的 3D 互动太空体验舱，集教育性、娱乐性于一体为用户提供了虚拟的太空互动体验。

再如，笔者指导的北京市级"启明星"大学生科技创新项目"多目标文物图像融合与处理技术研究"。项目概述：图像融合是信息融合的重要分支和研究热点。其目的是对多幅源图像的信息进行提取和综合，以获得对某一地区或目标更准确、更全面和更可靠的描述，从而实现对图像的进一步分析和理解，或对目标的检测、识别与跟踪。

本项目要求了解图像融合的基本概念、层次及发展以及常见重点，在阐述了图像融合的基本原理和方法的基础上，研究文物图像的特点，对一些破损的文物进行多角度拍照得到不同尺度的数字化照片，通过多种图像融合方法生成高尺度的文物图像，提高图像的清晰度和精度。

在图像融合中，参加融合的源图像是由不同的图像传感器或者是同一传感器在不同时刻得到的，因此得到的图像各自有自己的优缺点，比如远距离拍摄的文物图像纹理结构比较多，但是细节较少，而近距离的文物图像细节较多但结构信息缺乏，因此，通过这两个不同角度的文物图像相融合才能得到结构和细节都比较丰富的文物图像，从而提高文物图像的清晰度。

大学本科生通过参加以上科技创新项目，对科学研究产生了更浓厚的兴趣，提高了科研能力和创新能力。

大学生科技创新项目给广大学生提供了参与科学研究的机会，通过理论与实际结合，能够提高学生发现问题、分析问题和解决问题的能力，培养学生严谨的求实作风、坚韧不拔的意志品质。教师指导学生用所学知识解决相关问题，提高了学生学习新知识的能力，促进了学生更好地开展和完成大学生创新项目。教师引导和鼓励学生发挥创造性思维，指导学生在探索创新工作中掌握科学研究的方法，不但提高了学生分析问题和解决问题的能力，也培养了学生正确的科学研究态度和科学研究方法，提高了学生的科研和创新能力。

著名科学家玻尔指出："所有科学的进步，取决于合作。"

大学生参加科技创新项目，还培养了团队合作能力。

我们指导学生参加的国家级和北京市级的"'启明星'大学生科技创新项目"，通常三个人一组，其中一人担任项目负责人，以团队形式完成项目，并要求项目各成员分工协作、共同学习、共同提高，遇到问题，一起研究、解决问题。大学生们通过参加科技创新项目培养了团队合作能力，培养了协作攻关的精神，为将来走向社会打好了基础。

总之，大学生通过参加科技创新项目，综合素质得到全面提高。

三、结束语

我们在多年指导大学本科生参加国家级和北京市级科技创新项目过程中深刻体会到，大学生通过参加科技创新项目，提高了科研能力、创新能力和综合素质。

第一作者简介：李青，1966年10月生，北京人，副教授，公共基础课程负责人（所在部门：工科综合实验教学示范中心），是全校计算机通识教育课程群成员，参与全校9门计算机通识教育课程的大纲制定和教学改革等多项工作。

智慧旅游实验室建设探索与实践

马桂真　于平　高江江　牛爱芳

摘　要：智慧旅游是旅游信息化发展的高级阶段，也是未来旅游业发展的大势所趋。这就对旅游专业学生的旅游科技认知能力与实践能力、智慧旅游管理能力提出了更高的要求。基于此，北京联合大学旅游实践教学中心创新建设理念，运用物联网、人工智能、云平台等先进技术，创建了"智慧景区"模式的综合实践环境。该实践环境的创建，对我国旅游类高校智慧旅游实验室的建设与发展起到了很好的示范作用。

关键词：智慧旅游　实验室建设　探索实践

一、智慧旅游及其特征

关于智慧旅游，目前并没有统一的概念[1-4]，但是本质上，智慧旅游是基于云计算、物联网、大数据等新一代信息技术，借助智能终端等电子设备，通过互联网、移动互联网、通信网等向游客提供高品质、高满意度的服务，满足游客的个性化需求。在智慧旅游中，实现游客与网络的实时互动，使旅程安排进入触摸时代。

智慧旅游是旅游信息化的高级阶段，包含了数字技术、智能技术和虚拟技术等，是数字旅游、智能旅游和虚拟旅游的综合。智慧旅游正在从根本上改变旅游经济格局，改变旅游者的旅游习惯和体验，同时为旅游管理者带来了极大的挑战。智慧旅游相对传统旅游带来的改变主要包括如下几个方面：

① 旅游管理的智能化。借助新一代信息技术，可以使得旅游管理变得更加智能、便捷。具体的智能化包含在旅游十大要素的各个方面。比如实

现景区的智能化安全管理、智能化导游导览、智能化的交通引导、智能化客流监控等。

② 客流预测的智能化。借助大数据预测平台抽取出旅游相关数据进行智能分析，预测某一时间段的景区游客人数，为游客出行提供参考，同时为旅游管理方采取合理的应对措施提供有力支持。

③ 实现智能行程规划。智能行程规划的核心在于对线路的规划能力和对资源广度和深度的掌握能力。随着大数据、人工智能等技术的迅猛发展，各种智能行程规划平台也相继出现。智能行程规划即根据用户需求，借助旅游大数据，将强大的智能分析算法[5]、大数据技术及适当的人工干预结合在一起，为游客出行提供智能解决方案，使得游客出行更加方便快捷。

④ 虚拟旅游。虚拟旅游是基于虚拟现实技术发展起来的新型旅游方式[6]，即利用虚拟现实、增强现实等技术模拟旅游的各种场景，使得用户能够在实验室等虚拟环境中遍览万里之外的美丽风光。虚拟旅游不仅可以再现旅游古迹、保护文化遗产、实现虚拟旅游教学，还可以让普通用户体验到诸如深海探险、奔月之旅等旅游项目。

智慧旅游的迅速兴起对高校旅游人才培养带来了很大的挑战。培养有理论、有技能又懂新科技的应用型管理人才，是在智慧旅游背景下的旅游人才培养目标。但是当前我国智慧旅游通常仅应用于实际商业中，高校旅游实验平台或实验室建设与市场需求还存在很大的差距。

二、高校旅游实验室建设现状

旅游实验室是旅游管理专业师生从事实验教学或科学研究、技术开发的教学或科研实体，是培养学生创新能力和实践能力的重要场所[7]。虽然近几年旅游管理专业实验室建设普遍受到重视，实验室建设投入的经费也在逐年增加，但是目前我国多数本科院校旅游专业实验室建设与管理仍然存在诸多问题[8]，主要表现在如下几个方面：

（1）实验建设滞后，实践层次低

智慧旅游背景下对旅游类人才一个重要的要求是要具有智能技术的认知能力与实践能力、智慧旅游管理能力、相关理论知识及高度的创新创业能力。要培养这些能力，需要建设专业的智慧旅游实验室，利用具备行业领先的技术装备，激发学生的创造力。但是目前很多高校的旅游实验室设备陈旧、落后、功能单一，使得某些新的知识体系和科学前沿的实践方法无法进入课堂，导致实践教学跟不上旅游业发展步伐，培养出的人才与社会脱节。

（2）实验教学平台功能单一[9]

很多高校仅仅把实验室作为实验课程的教学场所，而没有将教学与科研结合起来，无法通过实验平台将科研课题与实验项目相结合，因而无法充分发挥体验平台的功能。虽然目前各个高校特别重视学生创新创业能力的培养，但是很多高校没有充分利用自身的实验平台，将教学与智慧旅游背景下实际旅游项目相结合，使得教学与社会需求脱轨，从而大大降低了实验平台的实际效益。

（3）人工管理效率低

大部分高校旅游实验室以人工管理为主，存在工作任务繁重，查询、调研、统计不方便的弊端。人工管理方式耗费很大的人力物力，但是收到的效果堪忧。随着信息化技术在教学管理中的进一步推进，如何利用计算机网络等现代信息技术使实验室管理工作更加规范和科学，解放更多的人工，成为高校旅游实验教学管理中一个亟待解决的重要问题。

总之，目前高校旅游实验平台建设存在功能不完善、设备陈旧、技术落后的现象，从而造成实践课程开课比例低、课程质量差、学生获益少的现象，完全无法实现智慧旅游背景下的旅游实训教学，无法与旅游行业接轨。因此，在国家大力发展旅游业、旅游智慧化程度日益提高的背景下，研究旅游实验平台的建设思路，加强并探索其对实验教学的创新成为当前旅游管理本科教育改革的当务之急[10]。

北京联合大学大学旅游实践教学中心针对当前实验教学中存在的问题，研究分析智慧旅游背景下对旅游实践教学的需求，创新建设理念，创建了"实验场地即景区"的综合实验环境，探索出现代旅游专业实验室建设的创新之路。

三、智慧旅游实验室的实践创新

北京联合大学旅游实践中心基于智慧旅游中旅游文化认知与实践、旅游科技认知与实践、智慧旅游流程认知与实践、景区智能化管理认知与实践等多个层面的需求,根据真实景区环境对实验教学环境进行了功能分区和游览线路设计,最终形成"实验场地即景区"的实验室建设模式,在实验教学中实现了如下的实践创新:

(1) 可实现景区智能化管理实践教学

整个实验环境参照景区出入口的设计模式,在各电梯、步行梯出入口设置了人脸识别系统,可以完成出入客流的人数统计、轨迹追踪、盗遗报警等识别功能,并可将统计数据实时、分时显示在 LED 屏。同时搭建 Wi-Fi 客流统计系统,可实现对进入景区的人员滞留时间、人员密度、人员比例、增长趋势、客流预警等功能的统计分析。同时参照景区运行管理模式,搭建统一监控管理平台,管理人员在各管理室内可实现实验人员和实验设备的远程监控,实现远程数据存储、数据备份及实验室设备控制等智能管理功能。通过景区智能化管理实践教学,学生可以掌握景区智能化管理流程,了解流程中使用的各种先进设备及信息技术,完成人流监控、客流预警、统计分析等多个实验项目,提高学生信息技术认知能力、景区实时数据的分析预测能力和景区智能化管理能力。

(2) 完成旅游文化认知的实践教学

实验环境利用东西厅和东西长廊的空间,结合先进的设备与技术,展示东西方旅游文化,包括 90 个中国 5A 级景区资源、63 个著名旅游城市资源、12 个欧美高端与特色旅游项目资源和中医、茶、酒、汉字等旅游文化体验情景资源库,使学生在游览过程中完成旅游文化的认知体验。

(3) 实现智能行程规划实践教学

整个实验环境以景区模式设计,设置多条游览路线,根据用户输入的起始位置、具体线路距离、当前各线路游客人数等多种因素,为游客生成最佳游览路线。虽然与实际的智能行程规划在行程规模、数据量、复杂程度等方面相比相对简单,但是通过该实践教学项目,完全可以使学生掌握智能行程规划流程所使用的算法、技术、智能设备等，培养旅游类专业学生的信息素养和专业技能。

（4）实现虚拟旅游教学

创建的智慧旅游实验室，以圆明园景区场景为基础，包括智能闸机、二维码自助讲解、历史场景再现、视频讲解等，使学生对智慧景区游览的流程、常见智能设备、所用到的信息技术有了更为深入的感知。数字景区实验室以颐和园实际场景为基础，通过多媒体、三维建模、图像识别等新的技术手段，将虚拟的景区信息应用到现实世界，再现清朝皇家家园的景象，在实践教学中增加了代入感，对北京景点、现代旅游科技概论等课程的学习起到极大的促进作用。

随着智慧旅游的不断推进，各大景区特别是主题公园纷纷推出诸如太空旅游、深海旅游等虚拟旅游项目。为增强学生对这类项目的认知实践能力，中心创建了沉浸式互动体验实验室，开发了多套360度全景互动虚拟导游实验场景和三维互动旅游文化教学视频，以及深海探险、月球探险等虚拟旅游项目。通过虚拟旅游实践项目的教学，不必带学生到实际旅游景点讲解，节约了教学经费，节约了实地培训的成本，更重要的是能激发学生的学习兴趣，通过教学系统的交互功能，提高了他们的虚拟旅游信息技术认知能力和专业技能。

另外，配合高端休闲项目管理人才培养需求，创建了虚拟高尔夫实验室和虚拟滑雪实验室，为休闲体育专业培养高素质管理人才。

四、结论

旅游实践教学中心智慧旅游实验室的建设与改革探索，将实验教学内容从传统的旅行社、酒店、景区等领域，不断向行业产业两端延伸和扩展，直至涵盖旅游全产业链，培养了学生高端旅游项目管理、运营、服务的综合知识与技能，同时为旅游类专业学生的创新创业教育奠定了坚实的基础。另外场景式的实践教学大大激发了学生的学习兴趣，提高了学生的专业素养、信息素养，锻炼了他们的创新实践能力。实践证明，智慧旅游实验室的创建，能够加快校内学科发展，提升教学质量，对培养学生的创新意识和实践能力都具有重要意义。

参考文献

[1] 王德刚. 旅游学概论[M]. 北京：清华大学出版社，2012.

[2] 李云鹏. 智慧旅游[M]. 北京：中国旅游出版社，2013.

[3] 张凌云，黎巎，刘敏. 智慧旅游的基本概念与理论体系[J]. 旅游学刊，2012，27（5）：66–73.

[4] LI Y，HU C，HUANG C，et al. The concept of smart tourism in the context of tourism information services[J]. Tourism Management，2017：293–300.

[5] 李全. 游客行程多目标智能规划算法研究[D]. 西安：电子科技大学，2017.

[6] 彭飞. 虚拟旅游应用与发展[J]. 商业现代化，2010（3）：114–115.

[7] 刘莹英. 高校旅游人才培养研究—基于"智慧旅游"的视觉[J]. 四川旅游学院学报，2014（4）：78–80.

[8] 罗勇. 高校经管类实验教学平台建设的创新与实践——重庆工商大学的改革探索[J]. 实验室研究与探索. 2012，31（5）：103–106.

[9] 高小惠，何剑飞，徐泅涛，等. 农业工程实验教学中心的功能定位及人才培养[J]. 广东农业科学，2010（6）：271–273.

[10] 张俊洋. 高校智慧旅游云实验教学平台构建研究[J]. 旅游纵览，2015（24）：300–301.

第一作者简介：马桂真（1979— ），女，山东单县人，博士，北京联合大学旅游实践教学中心讲师。主要研究方向：景区安全预警机制研究、旅游信息化实践教学、传感网网络管理。

以科研体制创新推进应用型大学的人才培养

郑慧铭

摘 要：高校的科研体制是高等教育的特点和优势，具有功能的关联性，是促进大学创新的重要手段，对于学校的人才发展、教师的学术研究具有深远的影响。科研体制的改革和创新是支持学校人才培养和教师成长的重要部分。目前，高校的科研体制受传统文化和科学传统的约束，依然存在不利于可持续发展的政策。体制相对的滞后性阻碍了科研运行机制，影响了教师的积极性，不利于学校长期的人才发展，急需进行改革。高校应以提高教师积极性、促进成果转换相匹配的评价机制，建立稳定、长期的制度，推进人事制度改革，促进科教结合的应用型大学建设。

关键词：科研体制 改革创新 应用型 人才培养

前 言

大学科研的体制对于高校长期发展来说，具有深远影响。大学科研体制的创新中，一些学校的科研体制还有不适合学校科研发展的地方，制度化建设遇到障碍，影响学校的发展。科研体制的改革直接影响大学的发展，对大学的人才培养也起到间接的影响作用。如何通过科研体制改革，提升广大教师的主动性，进一步激发广大教职工投身大学建设的积极性，促进大学的实践探索、完善优化，是我们当前面临的重要问题。

目前一些学校提出"开展应用型教育，培养应用型人才，建设应用型大学"的宗旨和"面向大众，服务首都；应用为本，争创一流"的办学定位以及"学以致用"的校训，具有合理性。一些学校的发展目标是：建设高水平、有特色、首都人民满意的城市型、应用型大学。"高水平"，指具有较高的学术水平、较强的科研能力、较好的教学水平。"有特色"，体现在专业设置的特色，培育方式的特色，培育目标的特色，城市型、应用型应是面对城市需要，以应用为目标。对照这些目标，从教师队伍建设、基础设施、体制等需要进一步完善。

一、高校科研体制凸显问题

（一）经费管理不妥阻碍科研发展

目前，大学的科研管理比较松散，学校与学院的内部资源缺乏统筹安排，研究经费和研究力量分散，科研建设出现低水平重复的现象。用于科研的经费和实际上的劳动付出不成正比，影响教师的积极性。

高校之间、高校与社会、不同国家或地域的高校之间有相互合作与竞争的联系，从而形成以科研为中介的"教育—科研—社会服务"相互结合与依存的网络化关系[1]。为更好了解政府、企业和社会的需求，学校的科研体制应鼓励教师多参加行业组织的学术会议、交流会议，通过发表学术论文、参加学术会议、热议学术热点，了解各种需求和学术前沿。有的名校，教师或学生发表论文用科研经费全额报销，这样有利于提高文章发表数量，也能够激发教师指导学生的积极性。教师带学生，参加学术会议的费用在横向课题中应加大支持。

按照目前的高校科研管理体制，课题直接由课题负责人和院系管理，学科交叉和互动很难在宏观上实现，更难在微观上对接和配合。不同学院、不同系的教师对课题相对独立地进行研究。作为学校，除了收取课题管理费，设置报销的规定，对于科研队伍的整合、共享资源、课题的研究缺乏宏观把控和实质性的帮助。教学与科研的严重脱节使得优秀学生很难参与到教师的科研中，国家投资的科研平台很难让本科生使用，高水平的科研项目很难让学生参与。

在大学的课题研究中，目前间接经费过高，很多大学的科研资助只注重科研的直接成本预算，忽略了间接经费的预算，甚至教育经费也"转嫁"到科研经费中，使得经费更是"捉襟见肘"。发达国家如美国、英国，政府对大学科研的间接成果进行制度化的补偿和精细化的核算，科研项目中综合管理费比例上限为修正的总直接成本的 26%，将经济成本法运用到科研间接成本的核算中，形成了更加合理化的费用管理。而国内不少高校的间接成本在 30%左右，间接成本的核算需要深化改革。

大学的课题经费管理也需要进一步改革，负责人和学院管理并行，项目经费经过层层分解，最后用在不同的子课题中。在大项目中，这样的管理体制导致项目组成员各干各的，事实上无法进行跨学科的交流与协作。一些学校的课题实践中，教师承担横向课题像"单枪匹马"，学科资源固化在院系的管理体制下，未能以更有利的跨学科团队去承接大课题。

（二）团队建设薄弱影响科研成果

在科研课题中，不少课题需要交叉的学科来解决问题。国内大学和体制缺乏相关的运行机制，承担课题的教师缺乏小组成员，工作量较大，成果进展缓慢。一些纵向课题方面，教师与同事的联合课题经常是"有名无实"，从时间和空间上的交流都很少，在项目的资金分配和成果方面，带有比较大的模糊性。从跨学科项目角度上说，科研经费应由跨学科研究团队统一使用，作为研究工作的资金基础。教师在课题合作方面比较谨慎，团队组织薄弱。教师指导学生参加课题研究，缺乏工作量认定机制以及场地和政策上的支持等，影响科研效果。

（三）科研管理冗余消磨科研时间

目前科研成果成为高校排名、教师晋升的指挥棒，经费的管理往往阻碍科研的发展，使得教师用于报销的相关程序的时间增多。科研管理中存在冗余环节，这些环节占用大量的时间，没有发挥科研的实际效用。比如一些学校的课题报销，要求教师在差旅报销中附上调研报告和相关材料。国家对科研的固定拨款有限，教师参与科研需要通过申请项目获得经费，竞争激烈。同时，教师缺乏足够的精力做科研成果，不得不在填写申报书、写结题报告、报销申请中耗费时间，以争取更多的资源。在课题的申报中耗费大量的时间，影响教师的科研和教学。比如有的名校，各学院、系都有负责报销的秘书，他们替教师完成报销手续。大多数学校，专业老师只能减少对教学的投入时间，挤出时间撰写课题申报书、调研报告、结题报告。如何简化手续，提高办事效率，将更多时间留给专业老师，是急需解决的问题。

（四）科研条件不足影响研究进展

科研条件不足主要体现为时间、场地、设备和资料的不足。时间上主要是一般院校的专业教师在教学上占用了太多的时间，某些学校教学科研型教师每年授课 300 节以上，造成科研时间投入不足。一般高校只有普通教室，教师在课题研究中，需要场地、团队和资料，如果没有独立的办公室、实验室，很难潜心学习研究并与学生自由讨论。在做横向课题中，一般高校教师把研究带回家中进行，在研究过程中更谈不上对学生的指导。

图书馆建设对高校教师的科研影响较大，一些院校图书馆的书籍较少，多属于学术入门读本，知识比较陈旧，适合本科生的阅读，而不适合专业教师的学术研究。图书馆应购置一些学术前沿的杂志和著作，方便专业教师科研的进展。

"应用型"的大学需要教师用真实案例进行授课。目前高校承担社会课题有限，多数学校未能组建附属公司承担社会项目，不利于大学课程的实践探索。

科研成果与教学的脱节带来了不利的影响。一方面教师花费大量的时间做科研，另一方面，所研究的科研成果很少或是几乎没有转换成教学内容。要把科研成果转换到课堂上，要写入教材，这是培育人才的要求，也是科研成果应用的重要组成[2]。

（五）科研体制不公造成人才流失

目前高校的科研体制及管理制度不够健全合理，如科研评价制度、科研项目管理制度、经费管理等，也影响高校的人才队伍的稳定性。比如 2017 年清华大学医学院的颜宁教授加盟普林斯顿，成为继清华大学的郑思齐教授加入 MIT 之后的第二个被美国名校挖去的中青年教授。颜宁教授作为通讯作者在顶级学术期刊 Cell、Nature、Science 上发表十多篇高水平的论文，是一位有国际影响力的青年科学家。国内科研体制不健全最终导致人才的流失。

一些学校对大学老师的科研版面费报销额度太低，影响了教师的积极性。版面费在国内的期刊价格不等,如某杂志 800 元/版面,有的高达 3 000 元/版面。有些大学规定,普通刊物报销以 1 000 元为标准,核心刊物以 3 000 元,经常不能满足实际的版面费用。有些学校报销的刊物只参照北大的核心刊物,且横向经费与纵向课题经费统一沿革管理。以青年老师为例,如果在 3 000 元/版杂志发表文章,相当于一个多月的收入。

二、科研体制改革的对策

解决当前高校科研体制的问题,应借鉴国内外高校的经验,激发教师的积极性,提升教师的科研能力,改革不合适的管理条例,加强对教师科研的支持力度等。探索科研体制创新需要转换思维,将科研管理转换成科研服务和助力,加强大学的社会服务功能和服务意识。具体的建议如下:

(一)简化课题的管理流程

在国外,教授们的科研经费除了启动资金外,基本是从各个机构项目中申请,学院提供一些公共服务和公共设施,如实验室、计算机维护等。教授们的主要任务是教学科研,有很大的自由度。国内的科研管理还需要进一步改革和简化手续。如横向课题经费的使用应与纵向课题有明显的区分,横向课题经费的管理应由项目负责人支配,简化报销手续、差旅的审批手续和发放薪酬的手续。简化横向课题经费的管理,允许课题负责人用于购买设备、书籍、考察等,调动教师的积极性。

有些学校对高职称教师的横向课题经费有严格要求,依据自然科学和社会科学划分,对于一些理论专业来说,设置比较高。建议大学组建创业公司,联合申请设计资质,有利于学生实习。学校的公司能够对外提供社会服务、也为青年教师提供平台,使年轻教师能够承接更多的实践课题。以学校组建的股份公司能够促进学校内部不同学科的交叉融合,多学科的协助有利于理论研究和实践创新。

(二)科研体制的改革创新

科研的国际性和科技的全球性,使得现代的科研院所和大学的科研体制更加具有开放性。科研体制的普遍特性,使不同高校的科研体制可以相互借鉴,在学科领域和人才流动上也可以更加开放。科研管理体制的创新能为教师的教学、科研提供更好的环境。制度化创新需要教师的参与讨论,细化各项标准,让教师根据自身的兴趣和院系的需要选择研究工作和发展重点[3]。这样的结合有利于教学管理制度、教师评价和奖励制度的更加合理,也有利于教师个人的发展。制度化的管理包括教学管理、教学评价、科研管理、科研评价、教师发展、教学和科研的评价和奖励等多个方面。

我国的高校体制经历了从无到有,发展迅速,受到传统文化的影响,过分重视人情关系,缺乏法规的执行力度。一些学校的规范制度也是在探索阶段,还有不成熟的地方需要进一步改革。一些学校在计算工作量方面的制度仍有不够合理的地方。班主任、系秘书、党支部书记、指导学生参加社团比赛的工作可折算相应的工作量。教学科研型的教师,教学的课时应比教学型的教师相应减少,给研究留出一定的时间。教育教学中,学生评教体系带有一定的模糊性,不应太注重"优秀"指标。在教师的工作量中,应综合考虑工作量、横向课题和发表文章相抵,采用更细化的分数指标。有些学校在职称申报中,如果没有申报成功,需要隔年申报,这样不符合教师的发展。教师任职资格的条件不应以出生年月进行划分,而应该以教龄划分。一些大学规定副教授申报在五年内应该有半年及以上在企业实践的经历,这一条不应作为必备条件,教师在课余没有足够的时间到企业上班。有些规定要求讲师两年才能评定副教授,副教授六年才能评定教授等,这些规定以时间做人工的界限划分,不以科研指标来衡量,不利于青年教师的成长。目前跨学院的研究项目团队松散,各种研究资源和评价体系都固化在行政学院,弱化了学科的局限,学校应从资源分配上发挥统筹协调能力,支持跨学科的课题和研究的发展[4]。在科研管理方面,应该创新体制,建立以课题为组织的研究部门,实施项目中心的科研管理方式。课题完成后,相关教师回到原先的岗位,这样能够更好进行跨学科的交流与合作。在科研经费分配上,应采取以自由竞争为主的分配方式,并使之成为主导方式。国外的科研管理服务意识较强,比如普林斯顿,所有的行政人员完全履行服务职责,而不是领导,对于招聘、职称评定全由教授投票决定。公平的制度有利于提升教师的科研积极性。

（三）提升科研成果的评价和奖励

与科研所和国外的科研单位相比，我国国内大学的科研经费明显不足。学校应根据自身的实力，构建适当的教学科研成果的评价标准和奖励机制，通过物质和精神的奖励，提高教师的积极性和主动性。有学者提议在评价机制上，应体现出科研评价的综合性、评价方法的量化性、当量虚拟性以及科研评价的利益导向性等特点[5]。

科研评价应该考虑形式多样的科研工作，这样能保证科研评价的系统性和全面性。首先，应细化教学科研成果，科研体制应从根本上提高教师对教学科研的积极性，并兼顾不同的学科特点。科研成果的认定应该更加合理，科研指标具有鲜明性和职称的导向性。如艺术系的教师参加设计展览、比赛也可算入科研成果。对于学术著作字数的规定应与相应的学科性质相适应。行业的权威比赛也应算入科研成果。其次，评价体制应该量化，将科研项目的大小进行量化和等级化，将性质和类型不同的科研工作折算成一致的评价值。

在职称的评定上，可以借鉴国外大学的做法，实行"终身教授评定制度"。各系由专门的资深教授组成的学术委员会，初评候选人，根据论文履历和研究方向评定。年轻的毕业生入职后，获得"助理教授"，相当于讲师，学校和学院应给予相当数额的科研"启动资金"。资金的多少，主要取决于系里对此人的重视程度。职称不应像某些学校一样，划分年限进行评定。国外有的大学以五年为期限，如果五年内做出重要成果，并且完成教学任务，就可以申请终身教授。这样灵活的机制更能激发青年学者的科研积极性。

学校内部办学系统应转换思维观念，激发教师和学生的积极性，为师生个体打造精准的"培育方案"，让教师和学生明白自己要成为什么样的人，如何努力，会有什么结果。这样能够促进精准的学习目标，能够促进师生个体与学校发展的融合。

（四）优化教学与科研的繁衍制度

社会的高速发展，对学校建设与外部环境系统的融合提出新要求。我们需要建设一个"实践型的大学"和一个"学习型的企业"，这样的创业公司和大学的融合能够加速学校建设与外部环境的融合。通过横向课题和社会实践，优化教学科研制度，组织学生积极参与。高年级带低年级，在教学和科研中，营造学生之间互相学习的氛围。一般来说，在读大学生的创业能力是有限的、技术的能力也需要进一步提升。如果能给专业老师更多的时间从事横向课题，以横向课题案例指导学生参与，这样有利于培育高素质的应用人才，加强学生的动手能力和创新能力。在科研体制改革中，应重视教师专业的发展，通过科研体制的改革，规划与提升教师专业发展，指导教师有计划提升专业知识、科研能力，促进学院共同体的建设。科研机构可以通过拨款的宏观调控，形成对科研的稳定支持，结合竞争性的项目，从而使得教师能够安心科研和教学，对培养创新人才方面具有重要作用。

国外的高校中，教师上课的质量高，能给本科生足够的资源和辅导，课堂评估成为教师晋升的重要方面。教师的课程内容不拘泥课本和教材，而是传达专业领域的最新动向，紧跟国际发展的前沿。教师在讲授专业的知识，将自己的实际研究带入课堂。

（五）配备适合科研的队伍与设备

目前大学的课题过多依赖政府的战略选择，而没有自主的科研经费。高校的科研机制应加强学校的统筹，弱化学科概念，加强跨学科交流，推进人事体制改革。对于科研人员，适当配备辅助人员，适应科研需要，提供匹配的设备和实验室，并有相应的维护人员。让教师能够安心科研工作，提高科研与教学的效率。

大学的学术研究需要提升硬件设施，包括现代化的教学楼、实验室和图书馆。在国外如 MIT 著名的计算机和人工智能实验室，有超过 90 位来自 8 个研究方向的教师，另外还有近 500 名的研究生参与。重点实验室和重大研究中教授共同参与有利于推进科研。另一方面，需加强校园环境建设，使之对外交通方便,且能避免不必要的外来干扰,并保证畅通的内外联系。对内环境优美,安静清幽而不闭塞,为师生提供潜心学习的场所。

(六)争取多渠道的科研资金来源

实行科研经费投入渠道的多元化,以多元化的投入和综合的评价系统保证科研的多样性。国外大学如普林斯顿拥有雄厚的资金来源,作为私立大学,科研的经费包括各个院系与教授向机构申请的经费,除了被学校扣除的服务费,剩下的可以支持研究。各种组织和公司的捐款也是私立大学的主要财政来源。我国这类科研资金比较少,公司和社会组织对科研单位经费管理不够信任。专利收回的费用也是重要来源,高校应鼓励教授多申请能转换应用的专利,以专利获得更多的收益。还可以通过联系校友获得捐助。国外的名校如哈佛大学、普林斯顿大学每年都搞校友日。以年级为单位,搞校友联欢,除了纪念活动以外,有专门的校友基金会募捐,校友的捐款占据学校教育科研预算的 10%。目前国内高校,毕业生向学校捐款的还很少,对母校的感情需要培育,对母校捐款的习惯需要鼓励。毕业生对学校的感情是学校重视学生和校友的反映。多渠道争取科研资金,能促进学校的发展,同时,学校应考虑教师的课题贡献,给予一定的奖励。

三、结论

科研体制是指导教师学术发展的重要指挥棒,是学校未来发展的保障。科研体制应依托现有的基础,突破传统的各种限制,更多关注社会的需求,考虑大学与企业的结合和科技成果的转换。通过科研体制创新,减少不必要的手续,提高教师的积极性是推进城市型、应用型大学建设的重要途径和手段。

参考文献

[1] 邓心安,彭西. 高校科研诚信问题的体制分析与对策 [J]. 中国高校科技与产业化,2010(08).

[2]范瑞泉,等.创新科研体制推进科教结合[J].中国高校科技,2012,9(16).

[3]朱炎军.大学教学学术研究:缘起、进展及趋势[J].开放教育研究,2014,20(2).

[4]赵劲松,叶建平.大学跨学科科研组织的体制困境与突破[J].科研管理,2008(10):第29卷增刊.

[5]谢安邦,罗尧成.关于我国大学科研体制特征及改革的研究[J].教育研究,2006(3):54–58.

作者简介:郑慧铭,就职于北京联合大学艺术学院,讲师、博士。

基于 MOOC 构建线性代数课程混合式教学模式的探讨

杨静　徐尚文　张欣

（北京联合大学基础部，北京 100101）

摘　要：线性代数是高等院校理工类和经管类专业的一门重要的公共基础课，在目前的教学中不仅面临学时偏少、教学任务偏重的两难，而且还面临如何适应应用型大学的办学定位的困惑。本文尝试把传统教学与 MOOC 学习结合，进行混合式教学模式的改革，试图改善教学效果，提高学习效率。

关键词：MOOC　线性代数　混合式教学　模式探讨

一、线性代数教学所面临的现状

线性代数是高等院校理工类和经管类专业的一门重要公共基础课程，在自然科学、工程技术和管理科学等诸多领域有着广泛的应用。线性代数课程对于培养学生的逻辑推理能力、抽象思维能力和空间想象能力都具有重要的作用，而这些数学能力和数学思想方法是学生分析问题、解决问题的重要手段，是后续课程学习必备的基础能力[1]。

目前，线性代数课程的教学面临几个主要问题：第一，课程设置学时偏少，教学任务量大。许多工科院校线性代数每周是 2~4 学时，一周一次或者两次课，而教学内容至少包括行列式、矩阵、线性方程组或者更多的内容。第二，线性代数课程多年来教学内容以传授严格的理论知识为主，理论联系实际相对薄弱。同济大学的《线性代数》被广泛使用，该教材结构严谨、逻辑清晰、叙述详细，不足的是涉及应用性的例题、习题屈指可数。第三，课堂教学中主要以教师的讲解为主，学生被动听课，记笔记，相应的动笔练习、动脑思考的时间不多，学生学习的兴趣和动力不足。

2010 年，《国家中长期教育改革和发展规划纲要（2010—2020 年）》提出要建立高校分类体系，实行分类管理，引导高校合理定位，特别是党的十八大以后明确提出要深化教育领域综合改革，加快构建现代大学体系，与学术型大学相对应，应用型大学呼声不断高涨。2015 年教育部、国家发改委、财政部联合出台了《关于引导部分地方普通本科高校向应用型转变的指导意见》，明确提出要紧紧围绕创新驱动发展、中国制造 2025、互联网+、大众创业万众创新、"一带一路"等国家重大战略，找准发展的着力点、突破口，真正增强地方高校为区域经济社会发展服务的能力，为行业企业技术进步服务的能力，为学习者创造价值的能力，系统推动以地方普通本科高校为主体的应用型大学建设[2]。

应用型大学办学定位与办学目标意味着学校办学理念要立足于区域经济社会发展需求，把面向行业作为主攻方向，改革人才培养模式，优化课程体系，加强实践环节，把行业、个人与社会满意度作为衡量尺度。

在新形势下，如何使自己的教学工作适应学校的办学定位和发展，是广大教师需要进行思考的问题。笔者就此问题，尝试对所教的线性代数课程的教学模式进行了一些调整和变动。

二、线性代数教学实践中的尝试

学习线性代数对学生数学思维的训练、数学方法的掌握和数学应用能力的提升都有重要的意义。在科学技术、经济管理等领域，常常要研究多个变量之间的关系。各种实际问题中多变量关系在一定的条件下可以转化为线性关系，线性代数正是解决线性问题的强有力手段，是解决相关实际问题的重要数学工具[3]。因此，我们的教学指导思想是，不仅让学生掌握基础理论知识，更要引导、启发学生学会应用，解决各类相关的具体问题，尤其是和本专业相关的问题。但是由于教学时数的限制，课堂上不可能有大量的时间来解决各种应用问题，因此只好在课后做文章。很自然地，我们想到了借助 MOOC 平台。

　　MOOC，全称是 Massive Open Online Courses，是一种将分布于世界各地的授课者和成千上万学习者通过教与学联系起来的大规模线上虚拟公开课程。它倡导了一种全新的知识传播模式和学习方式，MOOC 理念的核心在于"以学生为中心"。国内外高校为了在国际化教育进程中占有一席之地，陆续推出了自己的 MOOC 平台。2013 年 5 月清华大学和北京大学率先加盟 edX；同年 7 月，上海交通大学、复旦大学宣布加盟 Coursera。2013 年 10 月 10 日清华大学采用了部分 edX 的开放源代码研发的"学堂在线"正式上线。此后，北京大学、上海交大、西安交大、浙江大学、吉林大学等一些国内著名高校也纷纷推出自主的 MOOC 平台，开发本校 MOOC 课程。通过 MOOC 平台提供的优质课程，能遵循教育教学规律，适应学习者个性化发展和多样化终身学习需求，实现优质课程的在线共享，从而促进了高等学校教学改革[4]。

　　众所周知，老师和学生可以在网上的 MOOC 平台选择自己感兴趣的校内外、国内外的课程，甚至可以享受到全球最优质的教育资源，而且可以自主掌握学习内容和进度。MOOC 在高校课堂教学中的应用，可以促进优质教育资源和技术资源整合，实现多种课程和平台的应用与共享，促进教育教学改革和教育制度创新，提高教育教学质量。

　　笔者采取了基于 MOOC 的混合式教学模式，课堂内以教师为主体，课外以学生为主体。主要的做法有：

　　① 通过浏览不同 MOOC 平台上的线性代数课程，笔者选择了"学堂在线"平台上的一门课程。该课程包含了较多的应用例题和案例，尤其是在计算机方面的应用，这是因为笔者教授的学生来自信息学院的计算机专业。

　　笔者并不要求学生浏览该课程下的全部内容，只是对某几节的内容做了要求。从统计数据上看，很多学生在观看了要求的视频后，还观看了其他节的视频。

　　② 网上测试。之前的测验一般随堂进行，占用了宝贵的课上时间。后来笔者采用了在线测试的形式，让学生在规定的时间范围内课下完成。一方面节约了课上时间，另一方面加强了学生自主学习的意识。同时，学生

答完题后立即就可以知道成绩及错误的地方，老师也可以看到班级的考试成绩及基本的统计结果。这也提高了学生的学习效率和复习的针对性，并节省了教师的阅卷时间。

③ 制作微课。笔者所在的教研室成员，连续三年里对线性代数课程制作了大量微课视频资料和 PPT，涉及多个知识点，内容短小精炼。笔者在授课中部分利用了这些微课资料，集中学生的注意力，在一堂课的较短时间内完成主要知识点的讲解。

④ 建立微信群进行答疑。除了固定时间、固定地点答疑外，笔者还建立了微信群，将所教的全体学生设为群成员，学生在群中可以通过文字、图片和语音等方式提出在学习过程中所遇到的问题，教师或者其他同学都可以随时进行解答，方便教师与学生之间、学生与学生之间的交流和沟通。

三、总结和反思

在学期末，笔者曾让学生写一写对线性代数这门课的认识和理解，许多学生写道：学习了"学堂在线"等网络资源后，才知道线性代数有很多应用，拓展了视野，并对这门课产生了较浓厚的兴趣。还有一些学生在此启发下，根据自己的兴趣，主动在网上寻找其他的相关资料和课程进行学习。

传统课堂教学模式主要强调的是教，教师在整个教学活动中具有绝对的话语权，以老师在课堂上讲授、留作业，学生在课后根据老师的讲授完成作业为主。笔者认为，MOOC 与传统教学模式有机结合的混合式教学模式，丰富了线性代数课程的教学内容，拓宽了学生的视野，充分调动了学生学习的积极性，实现以教师为主向以学生为主的转变。同时培养了学生有效利用业余时间实现自主学习的能力，提高了学生的学习效率。对于教师而言，促进了教师对教学的反思，以及对教学模式的探索、研究，有助于推动教师角色的转变，从一个讲授者、讲解者真正变为学习的激励者、启发者。

当然，如何更有效地把传统教学与 MOOC 学习结合起来，还需要在今后的实践中进行不断的总结和反思，致力于优化教学效果，提高教学效率。

参考文献

[1] 夏国坤,王霞.信息化背景下线性代数教学中提高学生学习兴趣和能力的探讨与研究[J].中国轻工教育,2016年(6):59-61.

[2] 时伟.应用型大学的文化定位于建构路径[J].中国高教研究,2016年(9):83-86.

[3] 潘大勇.线性代数教学中的应用意识培养[J].湖北工业职业技术学院学报,2016,29(6):77-80.

[4] 袭杨,等.基于MOOC构建大学数学混合式教学模式的研究[J].科技论坛,2016(33):140.

第一作者简介：杨静　北京联合大学基础部教师，副教授，曾主持国家自然科学基金一项，北京市教育科学"十三五"规划课题一项，中国科协项目两项，发表论著多篇（部）。

本文受北京联合大学2016年度教育教学研究与改革项目（No.JJ2016Y031）资助。

关于经管类实践教学监控机制的思考

陈浩

摘 要：本文分析了实践教学环节、实践教学师资、经管类专业实践教学等方面存在的问题，探讨提高实践教学质量监控力度。保证实践教学质量是培养高质量城市型、应用型人才的关键环节之一。

关键词：实践教学 监控机制 思考

实践教学是高校人才培养的重要组成部分，经管类专业更是具有极强的实践应用性特点。作为城市型、应用型高校的经管类专业，要顺应高等教育的发展变化趋势，基于"厚基础、宽口径"，以培养城市型、应用型的创新人才为目标，而实践教学质量的好坏对学生综合素质的培养起着至关重要的作用。如何提高实践教学质量，已经成为应用型高校经管类专业实践教学改革面临的重要问题。

一、经管类专业实践教学质量和监控存在的问题

1. 部分教师的实践教学技能不足，影响实践教学质量的提升

当前制约实践教学质量的瓶颈之一是实践教学的师资，无论从数量上还是业务素养上，都不能满足实践教学的需要。目前一线教师呈现出年轻化、高学历的优势，但教师队伍中绝大多数人都是从校门到校门成长起来的，完全没有参与过企事业单位的实际经营管理工作，缺乏实践经验及解决各类经济管理问题的能力，加之受传统教育管理体制的影响，那些热衷于教育事业的教师为了教学、评职称，不得不把时间和精力大都用在钻研书本理论和撰写论文上，想提高自身实践能力只能是心有余而力不足。因

此，靠他们去指导学生的实践，必然"功底"不足而影响实践的效果。

2. 实践教学的环节多，监控难度大

经管类专业人才培养方案中理论教学含有实践课，但由于理论课学时的限制，授课教师只能利用有限的时间安排学生实践，而大部分只能以集中实践课来安排，从而导致集中实践教学班级多，专业实验室座位有限，不能使每个学生都很好地利用专业实验室。实践教学的教学环节多样、教学内容复杂，而每一个环节又包括很多类别，不同类别的教学要求、教学特点、教学场所又有很大区别。实践教学的实验（课内实验、独立开设的实验课程）、实习（认识实习、专业实习、毕业实习）、社会实践、实操训练、毕业设计（论文）等环节要融理论知识、情景知识与操作性知识于一体，教学过程复杂、教学手段多样、教学场所广泛，因而监控手段也必须更加灵活、更加多样、更加细致。

3. 实践教学监控任务重，人员明显不足

教学督导是学校教学质量监控的主要形式。教学督导员一般是由专职和兼职的人员承担。兼职督导员是教学管理人员，专职一般聘的是退休老教师。部分教学督导存在超龄工作、超额工作的现象，理论课堂听课这种相对单一的监控工作完成起来尚有难度，更不要说内容更复杂、要求更高的实践教学质量监控。学校以培养城市型、应用型的创新人才为目标，实践学时不断增多，实践教学质量监控任务日益繁重，督导人员更显紧张，实践教学质量监控工作是心有余而力不足。

4. 实践教学量监控部分沿袭理论教学的模式，监控效果不佳

实践教学的监控方式主要沿袭理论教学中的由督导员现场检查、打分的评价模式，这显然不能满足环节众多、教学方式复杂的实践教学的要求，特别是面对走出教室，甚至是走出校园的专业实习、毕业设计（论文）等环节时，这种点对点、面对面的质量检查不仅难以实现，而且其质量信息有明显的滞后性，对实践教学质量的控制缺乏有力的支持。

尽管学校实践教学质量的监控制度比较齐全，但是部分规章沿袭了理论教学的相关规定，没有体现实践教学的特点。部分规章适用于工科专业，而对于经管类专业的实践教学就难以操作。部分实践教学评价标准没有针对不

同实践环节的专用评价表，会造成质量评价内容脱离教学实际，学校实践教学质量监控仅停留在对基本规范的要求上，根本谈不上更高的监控目标和质量要求。

二、关于改善实践教学质量监控的思考

1. 采取培养和引进并举的措施，加强师资队伍建设

学校可以采取各种措施，建设优秀实践教学团队，以团队合作的机制，改革教学内容和方法，开发教学资源，促进教学研讨和教学经验交流，发挥优秀教师的专业引领作用，推进教学工作老中青传、帮、带，大力加强经管类教师的专业实践能力的培养，切实提高教师队伍的专业素质和能力。采取"走出去，请进来"的方式，加强实践教学队伍建设。一方面学校将专业教师派到企业培训，另一方面，学校又在高水平的校外实习基地中聘任一批兼职教师，使之成为学校实践教学队伍中的一支有生力量。

2. 严格执行各项规章制度，规范实践教学质量监控工作

学校结合人才培养目标和办学实际，陆续出台了一系列实践教学的管理制度，对学校各个实践教学环节的教学文件、教学过程、教学考核等规范管理，为质量监控提供基本依据，并且制定了实验、实习、毕业设计（论文）质量监控目标和质量评价标准，实现了对实践教学各个环节较为规范的质量监控。只有认真有效地执行已经制定的规章制度，才是提升实践教学质量的根本保证。

3. 学院、督导双管齐下，有效控制集中实践环节的教学质量

专业课程的集中实践环节是培养经管类专业学生能力的重要教学环节，由于各专业的专业实践课程分成了课内、课外两种形式，在监控方面难度很大。学院一直以来采用督导员随机抽查的方式，对实践教学进行书面评价，这对督促任课教师认真指导、保证实践教学质量起到了一定的作用。但是，这种监控模式随着近年来督导员人数的减少、课程门次的增多以及场所的多样化、分散化（由教室转向实验中心乃至校外）而越来越难以实施。学院对实践课程内容、课程指导、评分考核以及学生实践体验等多项内容进行问卷调查，作为督导现场检查的补充，避免了现场检查在时间、地点上的局限，

对校外实践课程在某种程度上也实现了有效监控。

4. 建立新型的实践教学考核评价体系

建立科学、完整的实践教学评价体系，是实践教学改革的重要一环，是确保实践教学质量的重要手段。实践教学的考核既包括对教师实践教学态度和教学效果的评价，也包括对学生实践成绩的评价。在对教师的考核中，可以采用学生问卷调查反馈的信息、实践教学质量评估的结果、专家的意见等对教师的实践教学质量进行考核评价，进而提高教师实践教学的积极性和敬业度。在对学生的实践能力考核中，由注重实践成绩向注重实践锻炼过程转变。对学生参加的各个实践教学环节的效果提出严格要求，加强对学生综合实践能力的考评，制定综合实践能力考评方案，确立考评内容与方法，提高考评成绩的学分比重。对于实习考核可通过实习报告、答辩等多种形式进行全面检查，不仅考核学生的素质、能力和水平，而且考核学生的工作实绩。通过实践教学质量考核评价体系，对学生的整个实践环节进行考评、控制、反馈，有利于提高实践教学改革的成效，有利于提高学生实践质量，从而实现学生综合素质的提高。

三、结束语

经管类专业实践教学改革是一项系统工程，尽管实践环节在教学方式上、时间安排上、地点选择上比理论教学复杂得多，但是必须多管齐下和整体推进，只有这样才能提高经管类人才的专业素质和专业能力，不断提升人才培养质量，满足社会日益提高的对经管类专业人才的需求。

参考文献

[1] 郭瑾莉. 完善地方高等院校实践教学质量监控的策略探索[J]. 实验技术与管理，2012（6）：161-163.

[2] 阮显政. 应用型高校加强实践教学相关问题的思考[J]. 教育观察，2018（1）：95-96.

[3] 卫晓旭，程爱军. 论地方高校本科实践教学质量监控机制研究

[J]. 教育现代化,2016(6):71-73.

作者简介:陈浩,讲师,北京联合大学管理学院教学科研办公室主任,长期从事教学管理工作,多次获得校级教学成果奖,作为副主编编写的《墙面装饰工程施工技术》曾被评为国家级精品教材。

第三部分

北京联合大学部分实习实践教学管理规章制度、质量标准文件

北京联合大学文件

京联教〔2018〕37号

北京联合大学普通本科实习实验教学质量标准

本科实习实验教学是学校本科教学工作的重要组成部分,是巩固学生的理论知识,培养学生实践和创新能力的重要环节,是提高学生分析和解决问题能力,使学生了解社会、接触生产实际、增强劳动观念,最终实现人才培养目标的重要途径。为提高我校实习实验教学质量,实现城市型应用型人才培养要求,根据学校相关文件规定,结合学校实际,特制定我校本科实习实验质量标准。

一、适用范围

本标准适用于北京联合大学本科实习实验教学工作的建设与评估。

二、与其他文件的关系

(一)本文件主要给出本科实习实验教学的质量标准与教学规定。

(二)本科实习工作要求参见《北京联合大学实习管理规定》(京联教〔2017〕1号),本科实验教学工作要求参见《北京联合大学实践教学管理办法》(京联教〔2018〕3号)。

(三)本科实习实验评估指标请参照附件"北京联合大学实习实验质量评估指标"。

三、质量标准

北京联合大学本科实习实验质量标准包含以下五个方面：

（一）教学目标的达成

实习实验课程教学目标支撑专业培养目标和毕业要求达成，要制定科学的实习实验课程教学大纲并严格执行。

实习实验课程要涵盖知识、能力、品格和智慧等各个维度的目标，促进学生综合素质的训练与提升。

（二）教学内容与教学策略

实习实验课程教学内容要与教学目标对应，内容完整、详细、清晰，重点难点突出，支撑教学目标达成。

实习实验课程教学计划和实施方案具体清晰，任务明确，安排合理。

尊重学科认知规律和学生实际学情，能够不断激发学生学习兴趣和学习潜力，有效达成教学目标。

（三）合理的成绩评定

实习实验考核环节与教学目标相对应，支撑教学目标达成。

实习实验成绩评定应包含多个考核项目，各项目设置及所占比重合理，能有效评价学生在教学目标上的达成度。

对学生在实习实验课程中的表现进行及时且充分的反馈，以帮助学生不断改进。

（四）明显的学习成效

经过实习实验教学过程，学生在知识、能力和素质各方面的收获和提高程度达到了教学大纲的要求，业务能力有较大提高。

有相关证明材料可以反映出学生的学习成效，并与教学目标相呼应。

（五）教学资源与学习支持

为学生提供丰富有效的实习实验资源。实验室、实习基地、实习实验条件满足实习教学大纲及实际教学需求。及时发现学习困难的学生，帮助他们度过困难期并顺利完成实习。

四、本科实习实验课程教学规定

实习实验课程原则上应遵守以下规定，若课程有情况特殊无法遵守时，应在课程开始之前提出申请，经教学单位批准后报教务处备案后方可实行。

（一）实习实验课程教学计划

所有实习实验课程均应在开学初公开发布课程教学计划。

（二）实习实验课程教学要求

实习实验课程应有完整的实践教学指导书，应根据需要采用分散或集中的形式安排。实习课程每位教师指导的学生数不超过30人。

（三）实习实验课程成绩评定

实习实验课考核应按相应课程教学大纲的要求进行。

独立设课的实验课程原则上以考试为主，考试应该采取实际操作、答辩等测试形式进行。学生实验课的成绩应根据出勤情况、操作、答辩及实验报告等综合评定成绩。非独立设课的实验环节，其考核成绩应按课程大纲的要求计入相应理论课程总成绩内。实习课程应按照学生的实习表现、实习日志、作业、实习报告、实习答辩等情况综合评定实习成绩。

附件：《北京联合大学实习实验质量评估指标》

附件

北京联合大学本科实习实验教学质量评估指标

序号	一级指标	二级指标	等级				备注
			优秀	中等	合格	不合格	
1	目标达成	1.1 实习实验课程目标设置合理、明确，能有效支撑专业培养目标和毕业要求的达成。教学大纲制定科学并严格执行					
		1.2 涵盖知识、能力、品格和智慧等各个维度的目标，促进学生综合素质的训练与提升					

续表

序号	一级指标	二级指标	等级				备注
			优秀	中等	合格	不合格	
2	教学内容与教学策略	2.1 尊重学科认知规律和学生实际学情，能够不断激发学生学习兴趣和学习潜力，有效达成教学目标					
		2.2 教学内容与教学目标相对应，内容完整、详细、清晰，重点难点突出，支撑教学目标达成					
		2.3 实习实验课程教学计划内容完整、详细；实施方案具体；实习实验过程记录详尽，落实计划措施得力					
3	成绩评定	3.1 考核环节与教学目标相对应，支持教学目标达成					
		3.2 实习实验成绩评定方法明确，含多个考核项目，各项目设置及所占比重合理，能有效评价学生在教学目标上的达成度					
		3.3 通过设置合理的考核项目使得学生在整个实习实验过程中都能持续努力，促进教学目标达成					
		3.4 对学生在实习实验课程中的表现进行及时且充分的反馈，以帮助学生不断改进					

续表

序号	一级指标	二级指标	等级				备注
			优秀	中等	合格	不合格	
4	学习成果	4.1 学生在知识、技能、能力和素质等各方面有较大收获和提高，为学生成长发展、进入工作领域奠定基础					
		4.2 实验实习过程及总结材料丰富、数据准确、撰写规范、分析全面，相关材料能够清晰反映学生学习成果，且这些学习成果与教学目标相对应					
5	教学资源与支持	5.1 为学生提供丰富有效的实习实验资源，实验室、实习基地、实习实验条件满足实习实验教学大纲及实际教学需求					
		5.2 通过多种方式为学生实习实验提供足够支持与指导。及时发现学习困难的学生，帮助他们度过困难期并顺利完成实习实验					

北京联合大学文件

京联教〔2017〕1号

北京联合大学实习管理规定

第一章 总 则

第一条 实习是学校教学工作的重要组成部分，是巩固学生的理论知识，培养学生实践和创新能力的重要环节，是提高学生分析和解决问题能力，使学生了解社会、接触生产实际、增强劳动观念，最终实现人才培养目标的重要途径。为了进一步加强和规范实习工作的管理，提高人才培养质量，特制定本规定。

第二条 本规定所指的实习是教学计划规定的在校外进行的认识实习、专业实习、毕业实习、顶岗实习等实践性教学环节。

第二章 实习的组织与管理

第三条 全校的实习工作在分管副校长的统一领导下进行。校教务处协助校领导进行全校实习的组织管理工作。各学院实习工作由分管教学的院领导负责，各系主任在分管院领导的领导下，负责实习的全面工作。学校其他相关部门共同协助相关工作。

（一）校教务处职责

1. 制定实习管理的指导性文件；审核实习计划；协助处理实习中的重

大问题。

2. 审核和分配实习经费。

3. 协助各学院与实习单位签署合作协议，配合各学院建立实习基地。

4. 检查实习质量，组织实习经验交流等。

（二）学院职责

1. 组织本学院各专业的实习工作。实习工作原则上应统一组织，集中进行，对于确实不具备集中实习条件而分散进行的，须建立必要的管理机制，使实习处于可控可管的状态，保证实习质量。

2. 组织各专业编制实习大纲、实习计划、实习指导书等。

3. 组织各专业联系落实实习单位，做好实习基地建设。选择实习单位时应优先考虑选择已签订协议的实习基地，遵循以下原则：专业对口，能满足实习大纲要求；生产正常，技术、管理比较先进，对学生实习比较重视；就近就便、相对稳定。

4. 协调使用实习经费。

5. 组织教师做好实习准备工作，做好实习学生出发前的动员和思想教育工作。

6. 深入实习现场开展调查研究，解决实习中的问题。

7. 做好实习过程中的质量监控与检查工作，组织开展实习总结工作。

（三）系部职责

1. 填报专业实习计划。

2. 编写实习大纲和实习指导书。

3. 确定实习指导教师。

4. 做好实习前的各项准备工作。

5. 实施实习的检查和总结。

第三章 实习指导教师职责

第四条 为保证实习质量，各学院应指派一定数量的教师进行实习指导。原则上20~30名学生配备1名指导教师。实习指导教师是实习的具体组织者，应由熟悉企事业单位经营管理、生产过程和环节等方面知识，工作责任心强,有一定组织能力的具有中级及以上专业技术职务的教师担任。

实习指导教师职责:

(一)拟定实施实习计划和日程表,组织落实实习计划。

(二)加强学生思想教育、安全教育、纪律教育。

(三)与实习单位加强联系,争取对方的指导和帮助。利用实习机会,适当承担生产任务、技术改造、技术咨询、专题讲座和科研工作,密切校企合作。

(四)指导学生填写实习日志,完成实习作业、实习报告等。

(五)评定实习成绩,做好实习总结及实习资料的存档工作。

(六)对于分散实习的学生,须全面掌握学生开展实习地点、联系方式等情况,并在学生实习期间与学生保持密切联系,了解并指导实习。

第四章 对实习学生的要求

第五条 学生在实习期间,需遵守以下规定:

(一)严格遵守国家的政策法规及实习单位的安全、保密及劳动纪律等有关制度。

(二)严于律己,吃苦耐劳,自觉维护学校和集体荣誉。

(三)遵守实习单位的相关规章制度。尊重实习单位指导人员,虚心向实习单位人员学习。

(四)服从实习安排,按时完成规定的实习内容,认真填写实习日志,按要求完成实习作业、实习报告并参加考核。

(五)注意人身和财物安全,防止意外事故发生。集体实习必须统一行动,不得独自行动和在外住宿。学生因违纪造成的一切后果自负,并将受到相应的纪律处分。

第五章 实习教学文件制定

第六条 实习大纲是指导、组织和检查实习工作的主要文件和依据,各专业要根据本专业的培养目标和教学计划,制定相应的实习大纲。实习大纲应包括实习目的和要求、实习内容和时间、实习方式和安排、实习的考核要求等内容。实习大纲由各专业制定，经教研室主任、分管院领导（系主任）审批签字后执行。

第七条 实习教学计划是专业教学计划的重要组成部分，应满足实习大纲的教学要求，并结合接受实习单位（场所）的情况而制定。各学院于每年11月前组织各专业制定下一年度的实习计划报校教务处审核备案。实习教学计划确定后原则上保持不变。因特殊情况确需变动的，要由系（专业）提出变更申请，说明变更理由和变更计划，经学院审核同意后报校教务处备案。

第八条 实习指导书是由实习指导教师会同实习单位（或根据实习场所实际情况）共同编制的实习具体实施方案。实习指导书应包括实习目的、实习纪律与要求、实习地点、实习时间、实习内容、实习具体安排、实习考核等。

第六章 实习成绩评定

第九条 指导教师按照实习大纲的要求，根据学生的实习表现、实习日志、作业、实习报告、实习答辩等情况综合评定实习成绩。

第十条 实习成绩评定标准：

实习成绩按优（90及以上）、良（80~89）、中（70~79）、及格（60~69）、不及格（60分以下）五级评定。具体评定标准如下：

1. 优：全部完成实习大纲要求，实习报告有丰富的实际材料，并对实习内容进行全面、系统的总结，能运用理论对某些问题加以深入地分析，考核时能圆满回答问题，无违纪行为者。

2. 良：全部完成实习大纲要求，实习报告比较系统地总结了实习内容，考核时能圆满回答问题，无违纪行为者。

3. 中：全部完成实习大纲的要求，实习报告较全面，内容基本正确，考核中能基本回答主要问题，无违纪行为者。

4. 及格：达到实习大纲中规定的基本要求，实习报告有主要的实习材料，内容基本正确，但不够完整、系统，考核中能基本回答主要问题，但有某些错误。

5. 不及格：凡有以下情况之一者，以不及格论。

（1）未达到实习大纲规定的基本要求；

（2）抄袭他人实习成果；

（3）实习中缺课达三分之一以上或者无故旷课 3 天及以上；

（4）实习中严重违反实习纪律，造成严重安全责任事故、其他严重事故或造成恶劣影响。

第十一条　实习成绩不及格或未取得实习成绩者，必须重新参加实习。

第七章　实习经费管理

第十二条　学院在每年 11 月前提交下一年度的实习经费预算，预算经校教务处审核后划拨给学院，学院负责具体管理和使用。

第十三条　学院应本着"合理开支、严格审查、专款专用、厉行节约"的原则，加强对实习经费的管理。实习费用的使用按照学校实习经费的相关管理办法执行。

第八章　附　　则

第十四条　本规定由校教务处负责解释。学校原有相关规定与本规定抵触的，以本规定为准。

第十五条　各学院需根据学院实际及专业特点制定更明确和具体的实施细则并报校教务处备案。

第十六条　本办法自公布之日起生效。

附件：1. 北京联合大学实习指导书模板
　　　2. 北京联合大学实习报告模板

北京联合大学文件

京联教〔2016〕3号

北京联合大学学生境外教学实习管理办法

第一条 为贯彻落实《国家中长期教育改革和发展规划纲要（2010—2020年）》（以下简称《规划纲要》）"教育国际化"精神，培养学生国际视野，提升学生国际交往、竞争能力，加强对学校境外教学实习的管理，特制定本办法。

第二条 本管理办法适用于通过校际交流或学校认可的代理机构联系到境外教学实习的我校在读学生。

第三条 境外教学实习是指为实现专业人才培养目标、在专业人才培养方案或在课程内容中明确要求需在境外完成的教学实习课程及教学实习活动。

第四条 参加境外教学实习的学生必须具备以下条件：品行端正；身体健康；学习成绩良好；语言测试成绩达标；学生家长书面同意。

第五条 各学院要严格遴选境外教学实习单位，签署合作协议。学生在境外教学实习期间，要严格履行实习协议，自觉维护国家荣誉，不得从事有损国家利益和安全的活动，遵守所在国家（地区）的法律法规，与当地人民友好交往。如学生违反所在国家（地区）法律法规和有关管理规定，造成人身和财产损失的，由实习生本人承担相关责任及费用。

第六条 学生境外教学实习工作由学院统筹管理，参加境外教学实习学生所在系（专业）、国际交流合作处、教务处共同做好组织申报、出国审批、实习期间日常管理、成绩评定等事宜。

1. 教务处负责境外教学实习的审核和效果检查。

2. 国际交流合作处负责境外项目合作机构的资质审核、带队（指导）教师出境手续办理及行前教育等。

3. 参加境外教学实习学生所在学院负责学生出境手续、行前教育及实习期间的日常管理。带队（指导）教师负责学生实习期间的日常管理和教学指导等工作。各学院要关心指导实习学生，定期联系，掌握学生的动向，遇到突发事件要及时向学校汇报。

第七条 各学院境外教学实习原则上不得跨专业组织。

第八条 各学院境外教学实习须填写"北京联合大学实习计划表""北京联合大学因公出国（境）组团计划""北京联合大学因公出国（境）经费安排情况表"，提供合作协议等材料，分别报教务处、国际交流合作处审核批准后，由学院向学生公布项目细节及要求，组织报名工作。

第九条 境外教学实习所产生的费用由学生和学院共同承担。原则上，学院每次承担境外教学实习项目的费用不得超过单次总费用的 50%；每年承担境外教学实习项目费用不得超过专项总经费的 20%；超出规定比例的应向教务处提出申请。所有费用支出严格按照《北京联合大学教学实习经费暂行管理办法》（京联教〔2011〕33 号）、《因公临时出国经费管理办法》（京财党政群〔2014〕127 号）及学校相关规定执行。

第十条 带队（指导）教师配备标准：学生人数 20（含）名以下配 1 名教师，每增加 15 名学生增配 1 名教师。

第十一条 学生在参加境外教学实习期间，出现未履行项目协议、违规违纪等行为的，学校将根据情节轻重予以处理。

第十二条 学生擅自参加未经学校批准的境外教学实习活动所产生的一切后果由学生本人承担。

第十三条 本办法由教务处、国际合作交流处负责解释。

附件：

1. 北京联合大学境外实习计划表
2. 北京联合大学因公出国（境）组团计划
3. 北京联合大学因公出国（境）经费安排情况表

北京联合大学文件

京联教〔2011〕33号

北京联合大学教学实习经费暂行管理办法

第一章 总 则

第一条 为进一步规范我校教学实习经费的管理，切实提高教学实习经费的使用效益，保障实习教学的水平和质量，根据我校教学品质提升计划及相关文件精神，特制定本办法。

第二条 教学实习经费是指由学校预算安排的，用于保障普通本科、专升本、高职各专业教学计划设置的各类教学实习环节（含认识实习、生产实习、专业实习、顶岗实习、毕业实习等）正常运行的专项经费。实行"统一计划、分类指导、统筹分配、专款专用"的原则。

第三条 教学实习经费可以用于以下项目支出：教学实习期间的教学实习管理费、实习指导费、交通费、住宿费、误餐补贴、参观费、教学实习资料费、材料费以及实习保险费用等。

第四条 教学实习经费遵循"分类指导、专款专用"的原则，考虑不同类别专业的实习差异，不同类别专业需明确地提出不同阶段的实习要求，给予不同的经费标准予以保障教学实习效果。其中，校教务处负责普通本科教学实习经费的统筹计划；校高职处负责专升本、高职教学实习经费的统筹计划。校财务处、教务处、高职处协同管理。

第二章　教学实习经费预算管理

第五条　教学实习经费是教学运行经费的组成部分。教学实习经费预算，各教学单位按如下办法申报：

1. 各教学单位依据培养方案及实习教学大纲要求，制订下一年度实习教学执行计划，并根据实习教学的性质、人数、时间、地点及教学要求等，按照教学实习经费的具体开支范围及标准，制定详细的实习经费预算，于每年度11月份，将下一年度的北京联合大学×××学院×××年度教学实习计划及教学实习经费预算表以书面形式，分别上报校教务处、高职处。

2. 校教务处或高职处具体负责审核、汇总各学院下一年度的专业教学实习计划及实习预算经费，并报送学校审批。

3. 学校审批通过的教学实习经费，由校财务处根据学校审批额度划拨给学院，并设立实习专项账户，由学院负责具体管理，专款专用。

第三章　经费标准及开支范围

第六条　根据学校不同专业类别实习的教学要求，制定学校各类实习经费的最低标准：

文管理科类　　160元/人；

工科类　　　　180元/人；

艺术类　　　　220元/人。

特殊教育学院相同学科类别按照以上标准的两倍执行，另：特殊教育教育学专业440元/人，特殊教育医学专业660元/人。

第七条　教学实习经费具体开支范围及标准如下：

1. 教学实习管理费：指接收教学实习的单位规定的场地、设备租用等费用。按接收教学实习的单位标准协商执行。

2. 实习指导费：指聘请接纳教学实习单位的工程师及以上职称专业技术人员指导实习及授课费等。控制在所实施项目实习经费总额的10%以内。

3. 交通费：指实习期间师生集体租用车船费用（不报销零星的其他各

种车费)。赴外埠实习需乘坐火车的,学生按照火车硬座标准执行,指导教师按照学校出差相关规定执行。

4. 住宿费:指在外埠教学实习期间住宿费用补助。实习指导教师住宿补助按照学校出差相关规定执行。

5. 误餐补贴:指对因在校外实习而导致的临时就餐补贴。实习指导教师市内补贴费 10 元/天/人;在外地实习按照学校出差相关规定执行。

6. 参观费:特指接纳实习单位安排的观摩教学费用、门票等。按接收实习教学单位标准执行。

7. 教学实习资料费:指教学实习期间购买、印刷、复印必要的教学材料等发生的费用。控制在所实施项目实习经费总额的 10% 以内。

8. 实习材料费:指校内实习,如金工实习等,在实习过程中所发生的各类材料消耗费。

9. 实习保险费:指在校外实习时根据专业设置及教学安排等实际情况为学生购买的实习安全责任保险费用。

10. 以上支出中凡涉及固定资产的需按照相关规定办理。

第四章 教学实习经费使用

第八条 教学实习经费,由各教学单位依据教学计划和上一年度的实习安排,根据教学实际发生费用,在预算范围内由院领导审核批准,到校财务处报销。

第五章 决 算 管 理

第九条 各教学单位于每年 12 月 15 日前,编制当年实习教学经费决算,并提交实习经费使用绩效总结,分别报校教务处、高职处备案,校教务处、高职处依据决算情况并结合各学院的预算安排下一年度的预算。当年实习经费在 12 月 15 日前未完成的,由校财务处统一收回。

第六章 其 他

第十条 实习教学地点的选择应根据"就近安排"的原则。在保证完成实习教学任务的前提下，凡能在本地实习的，不到外地去；能在近处实习，不到远处去。实习地点力求稳定，尽可能建立起稳定的实习基地，便于教学单位与接收学生实习的单位之间的相互交流与协作，提高实习效果，节省经费开支。

第十一条 凡与实习无关的支出一律不得在实习费中报销，实习经费不得挪作他用。

第十二条 学生去校外实习，如实际发生的费用超出学校分配的教学实习专项经费额度时，其差额部分原则上由学院自行解决。

第十三条 凡实习不及格或因学生个人特殊情况无法按教学执行计划实习的学生，经个人申请，各教学单位审批后可以重修实习，全部实习费用由学生本人承担。

第七章 附 则

第十四条 本办法适用于校本部各学院。校本部各学院可根据本办法制定实施细则；各法人学院可参照本办法，制定适合本学院实习经费管理办法，并报校教务处或高职处备案。

第十五条 本办法自公布之日起试行，由校教务处、高职处、财务处负责解释。

附件：1. 北京联合大学年度教学实习计划表
　　　2. 北京联合大学年度教学实习经费预算表

北京联合大学文件

京联教〔2018〕13号

北京联合大学校外人才培养基地管理办法

第一章 总 则

第一条 为贯彻《国务院办公厅关于深化产教融合的若干意见》(国办发〔2017〕95号)文件精神和《北京联合大学关于进一步推进产教融合发展的实施方案》(京联教〔2017〕35号)的深入落实,强化实践教学环节,夯实校外人才培养基地建设,提高城市型、应用型人才培养与北京"四个中心"建设的匹配度,特制定本办法。

第二章 校外人才培养基地建设的基本要求

第二条 校外人才培养基地是指企事业单位、科研院所、政府部门、社会团体等与我校共同建立的学生实践、教师实践及从事科研活动的场所,是提高学生综合素质、培养学生创新精神与实践能力的重要平台,也是学校进行产教融合的重要平台。校外人才培养基地分为国家级、市级、校级和院级四类。

第三条 各学院根据专业性质,有目的、有计划、有步骤地选择能满足实践教学条件的企事业单位，共同建立校外人才培养基地，以满足学生实践需要。校外人才培养基地的建立要有利于培养学生的创新精神、实践能力和岗位就业能力，有利于实践教学活动的开展和实践育人体系的建设与完善。

第四条 校外人才培养基地依托单位必须运营正常，有与学校长期合作的积极性，有参与实践教学的热情，有承担实践教学任务的意愿。

第五条 校外人才培养基地须具有接纳一定数量学生实践的能力，具备学生实践所需的学习、生活、卫生和劳动保护等方面的条件。

第六条 校外人才培养基地须拥有一定数量、水平较高的专业技术人员作为学生实践的指导教师。

第三章 校外人才培养基地建设原则

第七条 坚持多样性和先进性的原则。校外人才培养基地要尽可能覆盖多个学科专业，建立有效的资源共享机制。校外人才培养基地在自身领域的生产水平、管理能力等要有一定的先进性和代表性。

第八条 坚持稳定发展、动态调整的原则。校外人才培养基地要具有一定的可持续发展性且相对稳定。同时根据实际情况，对在双方合作中确实出现困难的基地进行动态调整，确保基地的质量。

第九条 坚持"互惠互利、责任分担、共同建设、协同发展"的原则。学校依托校外人才培养基地安排学生、教师到基地进行实践活动，以培养学生的实践能力，丰富教师的实践教学经验；基地可以借助学校的学科、师资等优势资源，进行职工培训和学历提升等活动，并享有从学生中优先选拔人才的权益。

第四章 校外人才培养基地的设立程序

第十条 申请。学院在对拟建校外人才培养基地初步考察的基础上，与共建单位进行协商，达成建立校外人才培养基地的初步意向，填写"北京联合大学校外人才培养基地建设申请表"（附件1），经学院相关领导审核签字后报校教务处。

第十一条　审核。校教务处接到申请后对校外人才培养基地的条件以及建立的必要性进行审核。

第十二条　签订协议。经批准建设的校外人才培养基地，由学校与基地依托单位正式签署《北京联合大学校外人才培养基地共建协议书》(附件2，以下简称《协议书》)，《协议书》要明确双方有关合作内容、权益和职责，协议合作年限一般不少于3年，《协议书》一式3份，由校教务处、学院和共建单位各执1份。协议到期时，根据双方合作意向与成效，可办理协议续签手续。

第十三条　挂牌。《协议书》签订后，校外人才培养基地可悬挂"北京联合大学校外人才培养基地"牌匾。牌匾样式由学校统一设计，学院负责制作。

第十四条　校教务处负责校级校外人才培养基地申报评审、认定和撤销，同时负责市级和国家级校外人才培养基地的推荐申报工作。院级校外人才培养基地由各学院认定，报校教务处备案。

第五章　校外人才培养基地双方责任

第十五条　学院及指导教师的主要责任

（一）根据实践教学要求，学院下达实习实践任务并指定指导教师。指导教师负责编写实习实践指导书、制订实习实践计划，提前送交校外人才培养基地的相关人员。

（二）指导教师要加强对参加实习实践学生的生产安全、职业纪律等方面的教育，确保学生在实习实践期间严格遵守校外人才培养基地的有关规章制度，同时要严格考勤，全程指导并做出评价。

（三）在职工培训、技术咨询服务、成果转化等方面对校外人才培养基地给予优先考虑。

（四）在高校毕业生就业政策许可范围内，毕业生本人愿意，校外人才培养基地可优先选聘人才。

第十六条　相关企业责任

（一）严格遵守国家颁布的政策法规，制定实习环境管理和劳动保护的管理规定、安全操作管理规程和文明生产措施，营造良好的育人环境。

（二）按学院提供的实习实践指导书和计划要求，委派具有丰富现场经验的技术人员参与对学生的指导。

（三）保障实习学生基本的生活与工作条件，根据学生表现及企业规定适当给予劳动报酬。

（四）积极参与相关专业建设与指导，委派相关专家来校承担相应的实践类课程教学，举办学术讲座。接收相关专业教师挂职锻炼。

第六章 校外人才培养基地的运行管理

第十七条 校外人才培养基地采用校、院两级管理模式。学校负责统筹协调基地建设相关事宜。学院依据学科专业建设规划、课程要求等，具体实施校外人才培养基地的建设与管理工作，包括实习实践课程大纲的制定、实习实践指导书编写、教学任务安排、指导教师委派、学生实习实践安全保障和实习实践教学考核与评价等。

第十八条 各学院须指定一专门人员负责校外人才培养基地管理工作，由专业负责人或基地负责人负责与本专业校外人才培养基地的日常联系工作。

第十九条 校外人才培养基地确立后，所属学院应与共建单位商定运行管理模式，建立长期合作关系。基地的调整与撤消，应经双方同意。

第二十条 校外人才培养基地所属学院每年应对实习实践、合作运行等情况做出总结，校级及以上的校外人才培养基地要提交校教务处。

第二十一条 各学院将校外人才培养基地建设工作列入学院的发展规划与年度工作计划，要制定目标、落实责任、定期考核。

第二十二条 学院应对每个校外人才培养基地建立教学档案，内容包括：

（一）校外人才培养基地介绍材料：含基地简介，共建单位介绍、资质证明，基地负责人介绍，共建协议，基地的规章制度、师资状况（人数、学历、职称等），实习项目，适合专业等。

（二）校外人才培养基地运行情况：含每年进入基地实习的专业名单、学生名单、指导教师名单，教学计划，实习教学活动记录（文字、照片、视频材料），学生的实习报告及实习成果，校外人才培养基地对学生实习情况的反馈记录等。

（三）校外人才培养基地依托单位录用我校毕业生情况。

（四）校外人才培养基地的年终考核材料。

第七章 校外人才培养基地的考核

第二十三条 各学院定期组织相关人员完成院级基地的考核，校教务处负责组织校级及以上校外人才培养基地的考核。

第二十四条 校级校外人才培养基地考核标准：

（一）每年有学生在基地实习、实训，学生实习、实训期间由单位专门指定的实习指导老师负责指导，学生有实习、实训总结报告，有单位出具的学生实习和实训评语及成绩。

（二）每年有基地的技术业务骨干来学校承担课程或实践课程教学，有基地的相关人员来学院做学术讲座或其他交流活动。

（三）每两年有教师去基地挂职或锻炼，任期结束后，有校外人才培养基地出具的鉴定评语。

（四）落实与校外人才培养基地签订的合作项目，根据签订的合作项目，组织相关人员参与，按计划完成，合作有成效。

（五）积极开展调研，探索新形势下产教融合模式与运行机制，产教融合有创新、有特色。

第二十五条 各学院可参照校级标准制定本学院的院级校外人才培养基地的考核办法并对院级校外人才培养基地进行考核，严重不符合要求的取消相应级别校外人才培养基地称号。对完成较好的校外人才培养基地进行表彰。校教务处优先推荐考核优秀的校外人才培养基地申报市级及以上级别的校外人才培养基地。

第八章　校外人才培养基地的撤销

第二十六条　校级校外人才培养基地考核不合格将予以警示，连续两年考核不合格，将予以撤销。院级校外人才培养基地可参照执行。

第二十七条　校外人才培养基地因协议到期或其他不可抗力需要调整或撤销，经共建双方协商后，学院需提交书面申请或说明，交校教务处审批备案。

第九章　附　　则

第二十八条　本办法由校教务处负责解释，自发布之日起实施。

附件：1. 北京联合大学校外人才培养基地建设申请表
　　　2. 北京联合大学校外人才培养基地共建协议书（参考样式）
　　　3. 北京联合大学校外人才培养基地挂牌制作参照标准

附录

北京市属高校本科毕业实习现状调查问卷

亲爱的同学：

　　您好！为了解北京市属高校本科生毕业实习的情况，特制定此份调查问卷。"问卷"分为单项选择和多项选择；请您仔细阅读题目，在答案序号上打√，请您在百忙之中抽出宝贵的时间填写这份问卷，并对您的支持与帮助表示衷心的感谢！

北京市哲学社会科学基金项目
"北京市属高校本科毕业实习现状调查及改进策略研究"课题组

1. 您的性别：A. 男   B. 女
2. 您所在高校：_____
3. 您所在的专业属于哪个学科门类？
   A. 哲学   B. 经济学   C. 法学   D. 教育学   D. 文学   E. 历史学   F. 理学   G. 工学   H. 农学   I. 医学   J. 管理学   K. 艺术学
4. 您的毕业实习安排在哪个学期？
   A. 第6学期   B. 第7学期   C. 第8学期   D. 第6学期和第7期相结合   E. 第7学期和第8期相结合   F. 其他（请列出）：_____。
5. 您认为毕业实习安排在第几个学期合适？
   A. 第6学期   B. 第7学期   C. 第8学期   D. 其他(请列出)：_____
6. 您的毕业实习时间：
   A. 一个月以内（含一个月）   B. 1~3个月   C. 3~6个月   D. 6~12个月   E. 一年以上
7. 您是通过什么方式获得实习机会的？
   A. 院系统一安排   B. 学校(老师)推荐   C. 亲友介绍   D. 自己寻找   E. 产学合作单位提供   F. 其他（请列出）：_____
8. 您更倾向于哪种形式？
   A. 院系统一安排   B. 学校(老师)推荐   C. 亲友介绍   D. 自己寻找   E. 产学合作单位提供   F. 其他（请列出）：_____
9. 您的毕业实习单位是在什么地方？
   A. 校内实习基地   B. 北京   C. 京外   D. 国外   E. 哪也没有去实习
10. 您若是参加了本校与境外高校的交换或合作项目,不能回国做毕业设计（论文），您在国外的高校里是否有毕业实习？（没有参加相关交换或

合作项目的，略过）

　　A. 有　　B. 没有

11. 您在实习之前，学校或学院有没有给予相关的培训或指导？

　　A. 有　　B. 没有　　C. 不清楚

12. 您认为您在实习前专业知识和专业技能方面准备得如何？

　　A. 有充分准备　　B. 有些准备　　C. 准备很不充分　　D. 无所谓

13. 您所在的院（系）有没有负责指导学生毕业实习的老师？

　　A. 有　　B. 没有　　C. 不清楚

如果有，在实习过程中，指导教师：

A. 始终在带领学生实习，并给予经常性的指导

B. 定期或不定期到各实习地点检查工作，给学生实习指导

C. 基本看不到指导教师，只是挂名，对学生不管不问

14. 院（系）指导老师每月对学生的指导次数：

　　A. 1~4次　　B. 5~8次　　C. 8次以上　　D. 几乎没有

15. 请您评价院（系）指导老师的指导：

A. 非常负责，给予很多指导，学到很多东西

B. 比较负责，给予了一些指导，学到一些东西

C. 不大负责，很少给予指导，只学到一点东西

D. 根本不负责，不给指导，什么都没有学到

16. 您所在的实习单位有没有负责指导学生实习的人员？

　　A. 有　　B. 没有　　C. 不清楚

如果有，实习单位的指导教师在您实习的过程中：

A. 非常负责，给予很多指导，学到很多东西

B. 比较负责，给予了一些指导，学到一些东西

C. 不大负责，很少给予指导，只学到一点东西

D. 根本不负责，不给指导，什么都没有学到

17. 您所实习过的单位，有没有给予实习生入职培训或其他相关培训和讲座？（可多选）

　　A. 有入职培训

B. 没有入职培训

C. 可以经常参加企业给正式员工的培训或讲座

D. 要碰机会才能参加企业给正式员工的培训或讲座

E. 都没有

18. 您所在的实习单位对实习生的管理：

A. 随自己的行动　　B. 基本不约束　　C. 请假有要求　　D. 按照本单位规章制度管理

19. 您认为您的学校或学院在帮助学生毕业实习方面做得怎么样？

A. 很好，帮助学生联系对口的实习单位，使学生专业能力得到了很好锻炼

B. 一般，只是象征性地带学生去一些企业观摩或进行短期实习

C. 不好，完全不管学生，学生只需要拿相关证明就可以拿到学分

D. 不知道，反正实习是由自己寻找，感觉跟学校没有关系

20. 学校或学院对您在企业的毕业实习：

A. 有明确要求，要求学生提交实习日志和实习报告

B. 没有明确要求

C. 不知道学校或学院有没有相关要求

21. 您的实习内容与专业是否相关？

A. 很相关　　B. 比较相关　　C. 一点都不相关

22. 您的实习内容与所学知识的联系：

A. 很大　　B. 较大　　C. 一般　　D. 较小　　E. 很小

23. 您的毕业论文（设计）是否与毕业实习内容相关？

A. 很相关　　B. 比较相关　　C. 一点都不相关

24. 实习中，您认为自身知识储备如何？

A. 充足　　B. 较充足，但需要补充　　C. 一般　　D. 有较大欠缺

E. 很匮乏

25. 您所在的实习单位会对您所做的实习做怎样的评估？

A. 开具实习证明，根据实习情况认真填写实习评估意见

B. 开具实习证明，随便填写实习评估意见

C. 不开具实习评估证明

26. 您的实习成绩是如何评定的：

A. 由学校指导教师根据实习日记、实习报告、实习单位鉴定意进行评定

B. 由实习单位指导教师和学校指导教师共同评定

C. 有实习单位指导教师评定

D. 由实习单位指导教师、学校指导老师和学生自评相结合

E. 其他（请列出）：_____

27. 您对目前的实习成绩评定方式是否认可？

A. 认可　　B. 不认可

28. 对您所在学校实习的管理，您的评价是？

A. 非常不满意　　B. 不满意　　C 一般　　D. 满意　　E. 非常满意

29. 实习后，毕业实习对专业技能提升情况：

A. 很大　　B. 较大　　C. 一般　　D. 较小　　E. 很小

30. 贵校给学生毕业实习的补贴标准是多少？

A. 没有　　B. 不知道　　C. 有，一共_____元。

31. 您的毕业实习单位给您的薪酬是多少？

A. 无　　B. 0～500 元/月　　C. 500～1 000 元　　D. 1 000～1 500 元　　E. 1 500～2 000 元　　F. 2 000～2 500 元　　G. 2 500～3 000 元　　H. 3 000 元以上

32. 您对实习单位比较看重的因素是？（可多选）

A. 经济报酬　　B. 实习单位的管理　　C. 职位潜力　　D. 工作环境　　E. 其他（请列出）：_____

33. 您对自己实习效果的评价：

A. 很满意　　B. 比较满意　　C. 一般　　D. 满意　　E. 很不满意

34. 您在实习中的困惑有？（可多选）

A. 实习单位提供的机会太少，学历优势难以发挥　　B. 实习内容与所学相差太远　　C. 实习单位不够重视　　D. 人际关系复杂　　E. 自身

工作能力不足　　F. 学校实习指导不够　　G. 实践能力欠缺　　H. 实习时间短，收获不大　　I. 其他（请填写）：_____

35. 您认为目前的毕业实习现状在哪些方面需要改进？

A. 学校对毕业实习工作的组织管理　　B. 毕业实习周期的安排　　C. 毕业实习基地的建立　　D. 毕业实习内容的选择　　E. 毕业实习经费　　F. 其他（请填写）：_____

36. 在单位实习过程中您发现您哪方面提高最为明显？（不超过两项）

A. 专业知识和其他知识的运用能力　　B. 处理问题的应变能力　　C. 沟通能力　　D. 团体合作精神　　E. 办事和工作态度　　F. 其他（请填写）：_____

37. 您希望学校在学生的毕业实习方面应大力加强哪些内容？

_____
_____